Dichtung in Theorie und Praxis

Edgar Neis

Das Drama

C. Bange Verlag – Hollfeld

2. Auflage 1989
ISBN 3-8044-0452-9
© 1980 by C. Bange Verlag, 8607 Hollfeld
Alle Rechte vorbehalten!
Druck: Beyer-Druck, Langgasse 23, Hollfeld

Inhalt

Vorwort 9

I. Teil: Das Drama in der Theorie
Was ist ein Drama? Definitionen 11

Die antike Tragödie

Die Entstehung der antiken Tragödie 12
Das Theaterpersonal:
   a) Die Schauspieler 15
   b) Der Chor 16
Die Dramentheorie des Aristoteles 17
Die Regel von den drei Einheiten 20
Bemerkungen zum aristotelischen Drama 22
Schauder, Jammer und Reinigung in der antiken Tragödie 25
Die Aktualität des antiken Dramas 27

Mittelalterliche Mysterienspiele und Fastnachtsspiele 29

Über den „Ackermann aus Böhmen" des Johann von Saaz 30
Jedermann 32
Die Fastnachtsspiele 32

Das Drama Shakespeares

Johann Gottfried Herder, Shakespeare 33
Johann Wolfgang von Goethe, Shakespeare und kein Ende 37

Das Drama der Aufklärung und des Sturm und Drang 38

Gottsched, Nicolai und Lessing über das Trauerspiel 40
Jakob Michael Reinhold Lenz, Anmerkungen übers Theater 43

Das Drama der Klassik 44

Johann Wolfgang von Goethe, Nachlese zu Aristoteles' Poetik 45
Goethe und das Tragische 46
Friedrich Schiller, Über den Sinn der wahren Kunst 47

Das Drama Kleists: Über die Klassik hinaus
Tragische Gebrochenheit 48

Das Drama Büchners, Grabbes und Hebbels
Büchner und Grabbe: Vorläufer der Moderne 49
Georg Büchner, Über mein Drama 51
Christian Dietrich Grabbe, Prosa statt klassischer Verssprache 52
Friedrich Hebbel, Mein Wort über das Drama 54
Gustav Freytag, Die Technik des Dramas 55

Das Drama des Naturalismus 56
Egon Friedell, Über den Naturalismus 57

Das Drama des Expressionismus
Hermann Bahr, Expressionismus 58

Das Epische Theater 59
Das Schema Bertolt Brechts 60
Bertolt Brecht, Über experimentelles Theater 61
Brechts Theorie des Dramas 63

Das Dokumentartheater
Peter Weiss, Notizen zum dokumentarischen Theater 65

Die Tragikomödie Dürrenmatts und Frischs
Dürrenmatts Welttheater 67
„Uns kommt nur noch die Komödie bei" 69
Max Frischs „Chinesische Mauer" – eine Farce 70

Das Theater des Absurden
Was ist absurdes Theater? 71

Das Sprechtheater Peter Handkes
Theater ohne Handlung – in Form von Worten 73

II. Teil: Das Drama in der Praxis
(Typische Szenenbeispiele)
Die antike Tragödie

Sophokles: König Ödipus
Ödipus und der Bote 79
Ödipus und der Hirte 81
Sophokles: Antigone
Zweites Standlied des Chors 84
Szene: Antigone – Kreon 85
Szene: Kreon – Hämon 86

Mittelalterliche Mysterienspiele und Fastnachtsspiele

Aus Johann von Saaz: Der Ackermann aus Böhmen 87
Jedermann: Eingangs-, Mittel- und Schlußszene 90
Hans Sachs: Der fahrend Schüler im Paradeis 94
Hans Sachs: Das Kälberbrüten 96

Das Drama Shakespeares

William Shakespeare: König Lear
Eingangsszene (I, 1) 99
Szenen des dritten Aktes (III, 2, 6) 102
Szene des vierten Aktes (IV, 7): Lear und Cordelia 103
William Shakespeare: Der Hamlet-Monolog (III, 1) 106

Das Drama der Aufklärung und des Sturm und Drang

Gotthold Ephraim Lessing: Nathan der Weise (III, 7) 107
Gotthold Ephraim Lessing: Emilia Galotti (V, 7/8) 111
Jakob Michael Reinhold Lenz: Der Hofmeister (I, 3/4) 112
Friedrich Schiller: Kabale und Liebe (II, 2) 115

Das Drama der Klassik

Johann Wolfgang Goethe: Iphigenie auf Tauris (V, 3) 117
Friedrich Schiller: Don Carlos (III, 10) 122

Das Drama Kleists – Über die Klassik hinaus

Heinrich von Kleist: Der Prinz von Homburg (III, 5) 125

Heinrich von Kleist: Der Prinz von Homburg (IV, 4) 127
Heinrich von Kleist: Penthesilea (3. Auftritt) 129

Das Drama Büchners, Grabbes und Hebbels

Georg Büchner: Woyzeck (Szenenauswahl) 131
Christian Dietrich Grabbe: Hannibal
(Szenen aus dem 1., 4. und 5. Akt) 135
Friedrich Hebbel: Maria Magdalena (III, 11) 140

Das Drama des Naturalismus

Die Bühnenanweisung zum zweiten Akt des Schauspiels „Die Weber"
von Gerhart Hauptmann 142
Gerhart Hauptmann: Die Weber (Schlußszene des II. Aktes) 143

Das Drama des Expressionismus

Georg Kaiser: Von Morgens bis Mitternachts
(Szenen des zweiten Teils) 146

Das Epische Theater

Bertolt Brecht: Leben des Galilei (Szene 3) 149

Das Dokumentartheater

Heinar Kipphardt, In der Sache J. Robert Oppenheimer (I, 1) 153

Die Tragikomödie Dürrenmatts und Frischs

Friedrich Dürrenmatt: Der Besuch der alten Dame
(III. Akt, Schlußszene) 158
Max Frisch: Die Chinesische Mauer (Szene 7) 162

Das Theater des Absurden

Samuel Beckett: Warten auf Godot (Szene aus dem 1. Akt) 164

Das Sprechtheater Peter Handkes

Peter Handke, Kaspar (Szene: Kaspar wird das Sprechen
beigebracht) 166

III. Teil: Arbeitsvorschläge

Zu den Kapiteln 1–14 der Teile I und II 170

Geschlossenes oder offenes Drama? 179

Weiterführende Sekundärliteratur 183

Verzeichnis preiswerter Textausgaben der Dramen, denen
Szenenbeispiele entnommen sind 185

Vorwort

Die Auseinandersetzung mit der Gattung Drama ist eine der wichtigsten und interessantesten literarischen Aufgaben seit zweitausendfünfhundert Jahren. Die Griechen haben uns das Drama gebracht, alle Völker haben es aufgenommen und weiterentwickelt, alle haben sich mit der Theorie des Dramas beschäftigt. Schon in der Antike begannen die Diskussionen über die Möglichkeiten der dramatischen Formen, und sie dauern bis in unsere Gegenwart hinein an, wir brauchen nur an Autoren wie Bertolt Brecht, Friedrich Dürrenmatt, Peter Weiss und Peter Handke zu erinnern.

Einen Beweis dafür liefert auch das Buch von Volker Klotz über ,,Geschlossene und offene Form im Drama". Im Schlußkapitel dieses Bandes gehen wir auf dieses Buch, das dazu dient, ,,den Gedanken einer Wissenschaft von Dichtung zu verwirklichen", besonders ein.

Das vorliegende Buch gliedert sich in drei Teile:

I. Teil: Das Drama in der Theorie
II. Teil: Das Drama in der Praxis (Typische Szenenbeispiele)
III. Teil: Arbeitsvorschläge

Jeder Teil enthält 14 Kapitel, welche die wichtigsten literarischen Epochen von der Antike bis zur Gegenwart berücksichtigen und sich – wie aus den gleichlautenden Überschriften der einzelnen Kapitel ersichtlich – von Teil zu Teil aufeinander beziehen; ebenso gelten die Leitfragen der Arbeitsanweisungen den in Teil I und II enthaltenen Texten, wodurch der innere Zusammenhang dieses Bandes gewahrt und die Arbeit mit ihm erleichtert wird.

So dürfte das Buch ein gutes Hilfsmittel darstellen, das Schülern, Studenten und Lehrern das Wesen der verschiedenen Formen des Dramas von der Antike bis zur Gegenwart sowohl theoretisch als auch praktisch an Beispielen verdeutlicht und sie mit Hilfe der Arbeitsanweisungen zu einer intensiveren Beschäftigung mit den jeweiligen Aspekten der Dramaturgie anregt. Diese wie die Bauformen der Dramen selbst erscheinen als Spiegelbilder ihrer Epochen, die sie repräsentieren und charakterisieren; sie gewähren so wertvolle Einsichten in den Geist der Zeitalter, denen sie zugehören.

Edgar Neis

I. Teil

Theorie des Dramas

Was ist ein Drama?
- Definitionen -

Ein Drama ist – auf die einfachste Formel gebracht – eine mündliche Auseinandersetzung mehrerer Personen. Die Auseinandersetzung ist meist mit einer Handlung verbunden, und oft liegt ihr ein innerer oder äußerer Konflikt der Beteiligten zugrunde.

Der Konflikt beruht vorwiegend auf einem Widerstreit gegensätzlicher Auffassungen oder verschiedener Kräfteverhältnisse; er bildet den Kern jedes Dramas und ist der Ausdruck einer als dualistisch empfundenen Welt; er endet in tragischer Weise mit einer Katastrophe oder mit einer ausgleichenden Lösung der Spannung.

Im engeren Sinne des Wortes ist das Drama – als Dichtung – mit einer Darstellung auf einer Bühne, vor einem Publikum verbunden; wir sprechen dann von Theater.

Das Wort Drama ist von dem griechischen Verbum „dran" abgeleitet, welches „handeln" bedeutet. Dieses „Handeln" ist als „dramatisches Handeln" (eigentlich ein Pleonasmus) verschieden definiert worden: Bruno Snell[1] nennt es „ein Handeln aus eigener Entscheidung in gespannter Lage", Karl-Heinz Volkmann-Schluck[2] „ein Handeln, das unfaßbares, frevelhaftes Tun mit umschließt". Wir verstehen unter einem Drama eine auf eine Rede und Gegenrede und eine Entwicklung angelegte Bühnenhand-

---

[1] Bruno Snell, Aischylos und das Handeln im Drama, Philologus, Bd. 20, 1928.

[2] Karl Heinz Volkmann-Schluck, Die Lehre von der Katharsis in der Poetik des Aristoteles in: Varia variorum, Festgabe für Karl Reinhardt, Köln 1952, S. 104 ff.

lung. Aus der Wechselwirkung der gegensätzlichen Auffassungen und Meinungen entfaltet sich der seelische Kampf der „dramatis personae", der aus einem Aufeinanderprallen verschiedener sittlicher Kräfte, Charaktere, bestimmter Machtverhältnisse oder Schicksalsfügungen resultiert.

„Der Gespaltenheit der Welt als innerem Gesetz des Dramas steht als äußeres Gesetz die Einheit der Handlung gegenüber: sie fordert eine streng kausale und überzeugende Verknüpfung und Motivierung zwecks eindeutiger Wirkung der tragischen Notwendigkeit beziehungsweise der komischen Situation."[3])

Der übergreifende Begriff „Drama" umfaßt sowohl die Gattung der Tragödie wie die Tragikomödie und die Komödie, das Trauerspiel wie das Lustspiel und selbst Posse und Schwank, das Mysterien- und Fastnachtsspiel und das Volksstück. Die beiden Hauptbegriffe „Tragödie" und „Komödie" sind griechischen Ursprungs. Die Worterklärung (s. u.) führt uns auf den Ursprung der dramatischen Kunst und auf den Ursprung des Theaters schlechthin zurück. Diese Ursprünge sind in der griechischen Antike zu suchen. Sie bilden bis in unsere Gegenwart hinein die Grundlage zum Verständnis des Dramas und des Theaters schlechthin. Beide sind eine geschichtlich gewachsene Wirklichkeit. Wir müssen uns ihr also in besonderem Maße zuwenden.

Die antike Tragödie

1. Die Entstehung der antiken Tragödie

Alle griechische Kunst hat ihren Ursprung in der Religion, die dramatische besonders in der Verehrung des Dionysos oder Bakchos. Dionysos war den Griechen nicht nur der Spender des Weines, sondern überhaupt die Verkörperung des wechselnden Lebens in der Natur, das im Frühling erwacht und herrliche Blüten und Früchte treibt, um unter den sengenden Strahlen der Sonne zu welken, abzusterben und im Winter zu vergehen.

---

[3]) Gero von Wilpert, Sachwörterbuch der Literatur, Stuttgart 1961, S. 119.

Dieser Gott stand also seinen Verehrern näher als irgend ein anderer Gott, da sie seine Erscheinungen im Laufe des Jahres alle miterlebten, und so feierten sie im Frühling seinen Siegeszug in und durch die Welt und betrauerten im Winter sein Leiden und Absterben. So hatte die Verehrung des Gottes eine heitere und eine ernste Seite, und aus seinen Festen entwickelte sich sowohl die Komödie als auch die Tragödie.

Die ältesten und ursprünglichsten Weinfeste waren die kleinen oder ländlichen Dionysien, die im Dezember von Weinbauern und Winzern auf dem Lande gefeiert wurden und nicht nur die Weinlese, sondern auch den Genuß des neuen Weines verherrlichten. Aristophanes gibt in seinen Acharnern ein anschauliches Bild der Lust, die an diesem Fest in den Dörfern herrschte: es fand ein feierlicher Umzug (Komos) statt, und weinbegeisterte Gesellen sangen den Preis des freudespendenden Gottes, gaben aber auch lustige Einfälle und Geschichten zum besten und trieben allerlei Mummenschanz, indem sie lächerliche Personen oder verhaßte Nachbarn mimisch darstellten und dem Spott der ausgelassenen Menge preisgaben oder Vorübergehende mit mutwilligen Neckereien aufzogen. Indem nun die Teilnehmer an diesen Umzügen die Kleider der Genossen und Begleiter des Gottes, Kranz, Panther- und Bocksfell, anlegten und so verkleidet das Gefolge des Bakchos darstellten und unter Leitung eines Chorführers jene ausgelassenen Lieder vortrugen, in die auch Zwiegespräche zwischen dem Chorführer und der mimisch dargestellten Person oder Vorübergehenden oder spottende Reden eingelegt wurden, ging aus diesen lärmenden Umzügen die Komödie („der Gesang des lärmenden Zuges") hervor. Sie erhielt auf attischem Boden durch Kratinos (geb. 520, gest. 423 v. Chr.) ihre feste Form, wurde durch Eupolis veredelt und fruchtbar weiter entwickelt, bis sie durch Aristophanes (um 444-380 v. Chr.) ihre höchste Blüte erreichte.

Das zweite Fest des Dionysos waren die Lenäen, die im Januar am „Kelterhaus" (Lenäon), dem ältesten und angesehensten Heiligtume des Dionysos in Athen, gefeiert wurden und bei denen ebenfalls ein feierlicher Umzug mit den üblichen Neckereien und Belustigungen stattfand. Im Februar folgten dann die Anthesterien, ein Frühlingsfest, dessen Lust aber noch zwischen den Gefühlen des Winters und des Frühlings geteilt war; der ausgegorene Wein wurde auf Frachtwagen unter allerlei Mummenschanz in die Stadt gebracht, dann fand ein großer öffentlicher Schmaus statt, bei dem die Zecher ihr Haupt mit Frühlingsblumen schmückten, ferner brachte die Gattin des Archon Basileus mit vierzehn edlen Frauen der Stadt dem Dionysos ein feierliches Opfer dar, endlich war ein Totenkultus damit verbunden. Das glänzendste Fest Athens aber waren die großen oder städtischen Dionysien im März, das eigentliche Frühlingsfest, wo man den Dionysos als Befreier von aller Not des Winters wie überhaupt von allen Sorgen und Mühen des Lebens feierte. Zu diesem Fest strömten ungeheure Mengen von Menschen, Landbewohner, Kolonisten, Bundesgenossen und Fremde nach Athen, um die Stadt des feinsten Geschmakkes in ihrem höchsten Glanze zu sehen. Der attische Staat und seine reicheren Bürger machten aber auch die größten Anstrengungen, um Lustbarkeiten und Kunstgenüsse zu schaffen, die in ganz Griechenland nicht ihresgleichen hatten. Den Glanzpunkt des Festes bildete der feierliche Umzug durch die Stadt, bei dem man das Holzbild des Dionysos aus seinem Tempel im Lenäon über die Agora (Markt) und den Töpfermarkt zu einem anderen, in der fruchtbaren Gegend der Akademie gelegenen Heiligtume brachte. Hierauf wurden kyklische Knabenchöre aufgeführt und ein dionysischer Festzug (Komos) mit Gesängen und Masken in glänzender Ausstattung veranstaltet. Den Mittelpunkt des Festes, wie auch der Lenäen, bildete der Dithyrambos, das heißt der festliche Chorgesang zu Ehren des Dionysos. Der aus 50 ,,Männern und Knaben" bestehende Chor tanzte um den Dionysos-Altar, auf dem das Opfer brannte, und sang ein feierliches, mit lebhaften Gebärden begleitetes Lied, das die Taten und Leiden des Dionysos behandelte. Dieses Festlied erhielt bald den Namen Trag-odia, das heißt Bocksgesang, entweder weil die Mitglieder des Chors in Bocksfelle gehüllt waren – sie stellten nämlich die Satyrn, die Begleiter des Bakchos, dar – und wegen dieser Tracht vom Volke Tragoi, Böcke, genannt wurden, oder weil das gewöhnliche Festopfer ein Bock (tragos) war, der als Verwüster des Weinstockes und Feind von Bakchos diesem dargebracht wurde (vergl. Georgica II, 380). Indem nun der Vorsänger oder Chorführer sich vom Chor absonderte, um vom Opferaltar aus die Gesänge und Tänze des Chors zu leiten und durch erzählenden Vortrag zu unterbrechen, den Dionysos selbst in den verschiedensten Rollen leidend oder triumphierend mimisch darzustellen und sich mit dem Chor zu unterreden, entwickelte sich mit der Zeit sowohl die ernste, kunstgerechte Tragödie, als auch das lächerliche und possenhafte Satyrdrama. Aristoteles hat also recht, wenn er sagt, daß der Grund zur Tragödie von den Vorsängern des Dithyrambos gelegt worden sei.

Der eigentliche Begründer der Tragödie aber war Thespis (ca. 536) aus dem attischen Gau Ikaria. Er war nicht nur Dichter, sondern auch Schauspieler und übernahm selbst einen kurzen Vortrag, mit dem er die Rede des Chorführers von einem erhöhten Platz aus beantwortete, er stellte also dem Chorführer und Chor einen besonderen Schauspieler gegenüber und machte dadurch den Dialog, dem er auch eine feste metrische Form gab, und das Spiel überhaupt selbständig; durch ihn soll auch der Name „Tragödie" allgemein geworden sein.

Dramatische Aufführungen fanden nur an den dionysischen Festen, den Lenäen und den großen Dionysien, statt und wurden gewöhnlich auf 3 Tage verteilt; an jedem wurde vormittags eine Tetralogie (3 Tragödien und 1 Satyrdrama) und nachmittags eine Komödie aufgeführt, die Zuschauer blieben also den ganzen Tag im Theater und verzehrten in den Pausen die mitgebrachten Speisen.

2. Das Theaterpersonal

a. Die Schauspieler

Da bei den dionysischen Festen und Festchören die Frauen nie eine Rolle gespielt hatten, so blieb die Schauspielkunst stets auf die Männer beschränkt, und auch die weiblichen Rollen wurden von Männern gespielt. Die ältesten Dichter begnügten sich noch mit einem Schauspieler oder traten selbst als solche auf (Thespis), Aischylos nahm noch einen zweiten und Sophokles einen dritten Schauspieler hinzu, über diese Zahl ist man wohl nur ausnahmsweise hinausgegangen. Diese 3 Schauspieler, die alle Rollen eines Stückes übernehmen und unter sich verteilen mußten, hießen teils nach der Bedeutung und dem Umfange der zu übernehmenden Rollen, teils nach ihrem schauspielerischen Können Protagonistes, Deuteragonistes und Tritagonistes.

Übrigens kam man den Kräften der Schauspieler durch verschiedene künstliche Mittel zur Hilfe. Zunächst hob man die ganze Gestalt durch eine phantastische Tracht; die Hauptstücke waren Schuhe mit hohen Korksohlen (Kothurn), prächtige herabwallende Gewänder, nämlich ein bis auf die Füße reichender verschiedenfarbiger Rock mit einem reichverzierten, hochsitzenden Gurt und darüber ein purpurnes Schleppkleid, oder ein goldgestrickter Mantel, sowie ein nach Alter und Rolle verschiedener wallender Haaraufsatz. Das Gesicht und den Kopf umschloß eine für die betreffende Rolle herkömmliche Maske, durch deren weite Mundöffnung der Schall stärker und klangvoller wurde; vielleicht war in der Mundöffnung auch noch eine metallene Röhre angebracht, welche die Rolle eines Sprachrohres vertrat.

b. Der Chor in der Tragödie

Die ganze Entwicklung des griechischen Dramas macht es natürlich, daß die Schauspieler anfangs gegen den Chor zurücktraten. Der Chor wurde daher auch vom Staat gestellt, indem wohlhabenden Bürgern die Ausrüstung (die Chorenten trugen kostbare, denen der Schauspieler entsprechende Kleider und auf dem Kopf goldene Kränze), Unterhaltung und Einübung der Chorenten als Staatsleistung aufgegeben wurde. Der Dichter, der seine Dramen zur Aufführung bringen wollte, hatte beim Archon um Stellung eines Chors nachzusuchen und ihn dann einzuüben, später gab es dazu bestimmte Leute. Aischylos, durch den der tragische Chor seine feste Form erhielt, bestimmte die Zahl der Chorleute für ein Drama auf 12, Sophokles erhöhte sie auf 15 und Aischylos folgte ihm darin. Die Stellung und Bedeutung des Chors war bei den einzelnen Dichtern verschieden. Bei Aischylos ist der Chor noch Träger oder Hauptteilnehmer der Handlung, bei Euripides dagegen ist er von der Handlung abgelöst und selbständig, er füllt oft nur Lücken aus und spricht bisweilen Gedanken aus, die mit dem Mythos oder der Handlung nicht in Zusammenhang stehen, Sophokles hält die Mitte zwischen beiden, bei ihm ist der Chor zwar an der Handlung beteiligt, aber nicht selbständig, er ist vielmehr nur Ratgeber des Helden und zugleich die Bestimmung, trotz aller Verwicklung und Spannung der Handlung bei dem Zuschauer die Gleichmäßigkeit der Empfindungen zu wahren und ihn auf die fernere Entwicklung vorzubereiten.

Der Chor zog gewöhnlich von rechts her in 3 Gliedern zu 4 oder 5 Personen in die Orchestra ein; die linke, dem Publikum zugekehrte Reihe enthielt deshalb die besten Chorleute und in der Mitte derselben hatte auch der Chorführer seinen Platz, der Führer, Vorsänger, Vortänzer und Wortführer des Chors war. Das erste Lied, das der Chor entweder bei seinem Einzug in die Orchestra oder unmittelbar nach seiner Ankunft auf seinem Standpunkt in derselben unter Begleitung eines Flötenbläsers sang, hieß Parodos (Einzugslied), das letzte, womit er sie wieder verließ, Exodos (Abzugslied); die Lieder, die der Chor in den Pausen der Handlung von seinem Standorte sang, wurden Stasima (Standlieder) genannt. Durch die Chorlieder, die aus Strophen und Gegenstrophen bestehen, wird also die Tragödie im allgemeinen folgendermaßen gegliedert:

I.   Prolog (Anfang des Stückes bis zum Eintritt des Chors). Einzugslied des Chors: Parodos.

II. Erstes Epeisodion (das heißt „Hinzutritt", Auftritt einer Person). Erstes Standlied: 1. Stasimon.

III. Zweiter Auftritt. Zweites Standlied: 2. Stasimon.

IV. Dritter Auftritt. Drittes Standlied: 3. Stasimon.

V. Ausgang der Handlung und Abzugslied: Exodos.

In die Auftritte sind öfters auch Wechselgesänge eingelegt, in die sich Chor und Schauspieler teilen; bisweilen diskutiert der Schauspieler auch mit dem Chorführer als dem Vertreter des Chors.

Daneben gibt es die sogenannten Stichomythien (griech. stichos = Zeile, mythos = Rede), also „Zeilenreden", d. h. zeilenweise zwischen mehreren Personen welchselnde Rede und Gegenrede, indem auf jede Person ein einzelner Vers kommt; charakteristisch bei scharf kontrastierender Gegenüberstellung verschiedener Meinungen, heftiger Auseinandersetzungen in einem erregten Wortwechsel oder in drängender Wißbegierde. Beispiel: Zeilenrede Antigone – Kreon, Ödipus – Bote.

DIE DRAMENTHEORIE DES ARISTOTELES

Das europäische Drama ist religiösen Ursprungs; es geht auf Festgesänge, Festspiele zu Ehren eines Gottes, des Gottes Dionysos zurück. Eine gewisse Festlichkeit hat sich das Theater denn auch im Gegensatz zu anderen Veranstaltungen bis heute bewahrt: Erwartung, Kleidung, gesellschaftliche Bedeutung.

Grundlage zum Verständnis des Dramas überhaupt, speziell seiner Wurzeln, des antiken Dramas, ist die Poetik des Aristoteles (384-322 v. Chr.), die sich mit der künstlerischen Gestaltung des Dramas und seiner Prinzipien befaßt. Der wichtigste Abschnitt in dieser Poetik des Aristoteles ist der Abschnitt über die Tragödie.

Aristoteles

Die Tragödie

Jetzt aber wollen wir über die *Tragödie* sprechen und aus dem Gesagten den sich ergebenden Begriff ihres Wesens entnehmen. Es ist also die Tragödie die nachahmende Darstellung einer ernsten und in sich abgeschlossenen Handlung, die eine gewisse Größe hat, in kunstvollem Stil, der in den einzelnen Teilen sich deren besonderer Art anpaßt, einer Handlung, die nicht bloß erzählt, sondern durch handelnde Personen vor Augen gestellt wird und die durch Mitleid und Furcht erregende Vorgänge die Auslösung (Katharsis) dieser und ähnlicher Gemütsbewegungen bewirkt. Da nun das Dargestellte eine Handlung ist und diese von gewissen Personen ausgeführt wird, die notwendig gewisse Eigenschaften betreffs ihres Charakters und ihres Verstandes haben müssen – denn darauf beruht ja auch die Qualifizierung ihrer Handlungen –, so muß es natürlich zwei Ursachen ihrer Handlung geben, nämlich Charakter und Verstand, und, je nachdem es mit diesen bestellt ist, haben alle mit ihrem Handeln Erfolg oder Mißerfolg. Die nachahmende Darstellung einer Handlung ist nun die Fabel. Unter Fabel verstehe ich hier die Verknüpfung der Begebenheiten, unter Charakter die sittlichen Eigenschaften, die wir den handelnden Personen zuschreiben, unter Verstand die Fähigkeit, ihre Gedanken in Worten zu entwickeln oder einen Entschluß kundzutun. Die Tragödie hat also sechs wesentliche Bestandteile: diese sind die Fabel, die Charaktere, der Stil, die Gedankenführung, die äußere Ausstattung und die musikalische Komposition. Das Wichtigste ist der Aufbau der Handlung. Denn die Tragödie ist nicht eine nachahmende Darstellung von Menschen, sondern eine solche von Handeln und Leben. Glück und Unglück (der Helden) ist in ihren Handlungen beschlossen, und das Ziel (der Darstellung) ist eine Handlung, nicht eine Eigenschaft. Hinsichtlich ihres Charakters haben die Personen gewisse Eigenschaften, aber glücklich oder unglücklich werden sie durch ihre Handlungen. Die Dichter lassen sie also nicht handeln, um ihren Charakter zur Darstellung zu bringen, sondern sie nehmen den Charakter mit auf, um daraus die Handlung hervorgehen zu lassen. So ist die Handlung, d. h. die Fabel, das Endziel der Tragödie; dieses aber ist von allem das Wichtigste. Ohne Handlung kann es keine Tragödie geben, dagegen ohne Charakter wäre eine solche möglich. Der Quellpunkt und gewissermaßen die Seele der Tragödie ist also die Fabel, erst an zweiter Stelle kommen die Charaktere.

Im weiteren Gang unserer Darlegung haben wir nun zu sagen, worauf man bei der *Komposition* der Fabel abzielen und wovor man sich hüten muß, wenn man der Aufgabe der Tragödie gerecht werden will. Da der Aufbau einer idealen Tragödie nicht einfach sein darf, sondern verflochten sein muß und sie, gemäß der ihr eigenen Darstellungsform, solche Handlungen zur Darstellung zu bringen hat, die Mitleid und Furcht erregen, so ist fürs erste klar, daß darin weder sittlich besonders tüchtige Menschen vorkommen dürfen, die vom Glück ins Unglück stürzen – denn das erregte weder Furcht noch Mitleid, sondern ist einfach entsetzlich –, noch Schurken, die vom Unglück ins Glück kommen: denn das wäre das Alleruntragischste, und ein solches Motiv ließe alles vermissen, was man hier braucht: es würde weder menschliche Teilnahme noch Mitleid und Furcht erwecken. Es dürfen jedoch auch nicht ganz böse Menschen aus dem Glück ins Unglück geraten. Die menschliche Teilnahme würde das ja berühren, aber weder Mitleid noch Furcht erregen: denn jenes gilt einem Menschen, der unverdient ins Unglück kommt, diese bezieht sich auf einen solchen, der mit uns selbst etwa auf gleicher Stufe steht. Also würde ein solcher Vorgang weder Mitleid noch Furcht erregen. Es bleibt also derjenige Typus übrig, der zwischen diesen Extremen die Mitte hält. Ein solcher ist, wer sich weder durch Tugend und Gerechtigkeit auszeichnet noch infolge von Schlechtigkeit und Schurkerei ins Unglück gerät, sondern durch irgendeinen Fehltritt. Und zwar werden es Menschen in hoher Stellung und glücklichen Verhältnissen sein, wie Ödipus und Thyestes und andere hervorragende Männer aus solchen Geschlechtern. Es wird daher eine gut komponierte Fabel besser eine einfache als, wie manche meinen, eine doppelte Anlage haben, und zwar wird dabei nicht ein Umschlag vom Unglück ins Glück, sondern im Gegenteil vom Glück ins Unglück stattfinden, und der Grund dafür wird nicht Schurkerei sein, sondern ein folgenschwerer Fehltritt eines Menschen, wie wir ihn gekennzeichnet haben, eher noch eines besseren als eines schlechteren.

Das, was *Furcht* und *Mitleid* erregt, kann in dem Vorgang liegen, den man auf der Bühne sieht; es kann aber auch in der Komposition der Handlung enthalten sein, und dies ist das bessere und das Werk eines geschickteren Dichters. Denn die Fabel muß, auch ohne daß man sie aufgeführt sieht, so komponiert sein, daß man schon beim bloßen Hören dessen, was geschieht, infolge der Vorgänge Schauder und Mitleid empfindet. So geht es einem in der Tat, wenn man die Fabel des Ödipus hört. Diese Wirkung durch den Anblick des Bühnenvorgangs herbeizuführen, ist weniger künstlerisch und erfordert szenische Mittel. Wer aber vollends durch den Bühnenvorgang nicht einmal mehr Furcht erregen will, sondern nur auf eine Wunderwirkung abzielt, der hat mit der Tragödie überhaupt nichts mehr zu schaffen; denn man kann von der Tragödie nicht jeden Genuß erwarten, sondern nur einen solchen, der ihrem Wesen entspricht. Da nun der Dichter durch seine nachahmende Darstellung denjenigen ästhetischen Genuß bereiten soll, der auf der Grundlage von Mitleid und Furcht erwächst, so ist es klar, daß er die Handlung auf diese Wirkung hin anlegen muß.

Jede Tragödie besteht aus der *Schürzung und Lösung* einer Verwicklung. Das, was außerhalb des Stückes liegt, und einige Vorgänge innerhalb desselben bilden die Schürzung; der Rest kommt auf die Lösung. Unter Schürzung verstehe ich den Teil der Tragödie, der sich vom Beginn bis zur äußersten Grenze des Abschnitts erstreckt, in dem der Umschlag ins Glück oder ins Unglück einsetzt, unter Lösung den Teil, der vom Beginn des Umschlags bis zum Ende reicht. Auch sollte man sich an das erinnern, was schon oft gesagt worden ist, daß man eine Tragödie nicht wie den Bau eines Epos behandeln darf. Unter epischer Behandlung verstehe ich die Verbindung einer Mehrzahl von Mythen: wie wenn jemand aus der ganzen Ilias ein Drama machen wollte. Dort, im Epos, bekommen wegen seiner Länge die einzelnen Teile einen angemessenen Umfang; in den Dramen dagegen bleibt dieses Verfahren weit hinter der Erwartung zurück. Ein Beweis dafür ist, daß Dichter, die etwa die Zerstörung Ilions als Ganzes behandelt haben und nicht in einzelnen Teilen, wie Euripides, oder eine ganze Thebais verfaßten, anstatt wie Äschylos zu verfahren, bei der Aufführung entweder ganz durchfielen oder doch schlecht abschnitten; auch bei Agathon war dies der einzige Grund seines Mißerfolgs. In den Peripetien und in den einfachen Handlungen erreichen die Dichter ihr Ziel in bewundernswerter Weise. Hier kommt es zu einer tragischen Wirkung, die menschliche Teilnahme weckt.

Die Regel von den drei Einheiten

Die antike Tragödie soll – so fordert es Aristoteles – im Zuschauer Furcht von dem drohenden Verhängnis und Mitleid mit dem von ihm betroffenen Menschen erwecken, damit er, der Zuschauer, von Affekten gereinigt werde, die Katharsis (Läuterung) spüre und im Spannungsfeld von Glück und Unglück das göttliche Walten erkenne. Die Erfahrung soll sich in einem Rahmen vollziehen, der durch das strenge Gesetz der drei Einheiten bestimmt ist. Dieses Gesetz fordert für das Drama eine einzige kontinuierlich durchgeführte Handlung (Einheit der Handlung), die sich an einem einzigen Ort ohne Szenenwechsel (Einheit des Ortes) und – so Aristoteles – „in einem einzigen Sonnenumlauf", also an einem einzigen Tage abzuspielen hat. Natürlich entspringen diese Forderungen auch aus der Beschaffenheit der griechischen Bühne, die zwangsläufig den Spielort auf einen einzigen offenen Raum festlegt und die Handlung demgemäß zusammenhängend dort abrollen läßt. Denn Akteinteilung, Vorhänge, Pausen kennt das griechische Drama nicht.

Diese Forderung der drei Einheiten wirkt über Jahrhunderte nach. Mit welch sonderbaren Begründungen noch nach über zweitausend Jahren der Grundsatz der drei Einheiten verfochten wurde, zeigen uns die Ausführungen Johann Christoph Gottscheds in dessen „Versuch einer kritischen Dichtkunst" (1730):

„Das kömmet aber daher, daß ein Trauerspiel eine dreyfache Einheit haben muß, wenn ich so reden darf: Die Einheit der Handlung, der Zeit, und des Ortes. Von allen dreyen müssen wird insonderheit handeln.

16. §. Die Einheit der Zeit ist das andere, das in der Tragödie unentbehrlich ist. Die Fabel eines Heldengedichtes kann viele Monate dauern, wie oben gewiesen worden; das macht, sie wird nur gelesen: aber die Fabel eines Schauspieles, das mit lebendigen Personen in etlichen Stunden wirklich vorgestellet wird, kann nur einen Umlauf der Sonne, wie Aristoteles spricht; das ist einen Tag, dauren. Denn was hätte es für eine Wahrscheinlichkeit, wenn man in dem ersten Auftritte den Helden in der Wiege, etwas weiter hin als einen Knaben, hernach als einen Jüngling, Mann, Greis, und zuletzt gar im Sarge vorstellen wollte.

Oder wie ist es wahrscheinlich, daß man es auf der Schaubühne etlichemal Abend werden siehst; und doch selbst, ohne zu essen, oder zu trinken, oder zu schlafen, immer auf einer Stelle sitzen bleibt? Die besten Fabeln würden also eigentlich diejenigen seyn, die nicht mehr Zeit nöthig gehabt hätten, wirklich zu geschehen, als sie zur Vorstellung brauchen; das ist etwa zwey oder drey Stunden: und so sind die Fabeln der meisten griechischen Tragödien beschaffen.

18. §. Zum dritten gehöret zur Tragödie die Einigkeit des Ortes. Die Zuschauer bleiben auf einer Stelle sitzen: folglich müssen auch die spielenden Personen alle auf einem Platze bleiben, den jene übersehen können, ohne ihren Ort zu ändern. So ist z. E. im *Oedipus* der Schauplatz auf einem Vorhofe des königlichen thebanischen Schlosses, darinn *Oedipus* wohnt. Alles, war in der ganzen Tragödie vorgeht, das geschieht vor die-

sem Pallaste: nichts, was man wirklich sieht, trägt sich in den Zimmern zu; sondern draußen auf dem Schloßplatze, vor den Augen alles Volks. Heute zu Tage, da unsre Fürsten alles in ihren Zimmern verrichten, fällt es also schwerer, solche Fabeln wahrscheinlich zu machen.

Es ist also in einer regelmäßigen Tragödie nicht erlaubt, den Schauplatz zu ändern. Wo man ist, da muß man bleiben; und daher auch nicht in dem ersten Aufzuge im Walde, in dem andern in der Stadt, in dem dritten im Kriege, und in dem vierten in einem Garten, oder auf der See seyn. Das sind lauter Fehler wider die Wahrscheinlichkeit: eine Fabel aber, die nicht wahrscheinlich ist, taugt nichts, weil dieses ihre vornehmste Eigenschaft ist."

Obwohl schon Shakespeare das Gesetz der Einheitentheorie durchbrochen hat und der strengen Regelmäßigkeit der aristotelischen Poetik seine Form des offenen Dramas entgegensetzte, hat das Prinzip der drei Einheiten bis heute seine dramaturgische Bedeutung behalten, zumindest in der sogenannten geschlossenen Form des Dramas, wie sie von Racine („Phädra") über Lessing („Minna von Barnhelm"), Goethe („Iphigenie auf Tauris") bis zu Dürrenmatt („Die Physiker") und Sartre („Bei geschlossenen Türen") u. a. m. praktiziert wurde.

BEMERKUNGEN ZUM ARISTOTELISCHEN DRAMA

Im aristotelischen Drama herrscht ein harmonisches Verhältnis zwischen Spannung und Entspannung. Spannung wird hervorgerufen in der Exposition, sie läßt sich nachweisen in einer Anzahl von Fragen, die sich dem Zuschauer und dem Leser stellen, wenn er die ersten Szenen in sich aufnimmt. Am Ende eines solchen Stückes weiß man eine Antwort auf alle diese Fragen, und wenn die Lösung der Spannung oft auch nur durch eine Katastrophe erreicht wird, so verbindet sich für den Zuschauer damit doch ein gewisses Gefühl der Befriedigung. Ein tragisches Ende ist immerhin ein Ende. Besonders gereizt wird die natürliche menschliche Neugier durch analytische Stücke, die alle einen kriminalistischen Einschlag haben. Eines von ihnen wird wahrscheinlich jede Klasse lesen: Sophokles' „Ödipus".[4])

---

[4]) Wolfgang Butzlaff, Das moderne Drama im Unterricht. In: Der Deutschunterricht 1968/3, S. 9.

„Als rein geschichtliche Forschung war die Altertumswissenschaft auf den *kultischen Charakter* der alten Tragödie gestoßen. Aus dem alten Kultgesang des Gottes Dionysos war diese einst hervorgegangen. In seinem heiligen Bezirk wurde sie am Fuß des Burghügels von Athen aufgeführt. Die heilige Geschichte dieses Gottes, seine Leiden, waren ihr ursprünglicher Gegenstand. Aber auch als sie über diesen engeren Stoffkreis hinausgriff, blieb ihr Gegenstand auch fernerhin der Mythos, die überkommene Sage von den Göttern und Helden: für die Griechen so viel wie ‚heilige Geschichte'.

Diesen Mythos und seine Wahrheit und Gültigkeit immer neu schöpferisch auszudeuten, blieb weiterhin das Anliegen des tragischen Dichters, aus dem heraus die einzelnen Tragödien geschaffen wurden.

Aischylos, den Goethe als „uralte Riesengestalt, geformt wie Ungeheuer" empfunden hatte, hatte lange im Interesse hinter dem ‚klassischen' Sophokles zurückstehen müssen. Jetzt trat er so energisch in den Vordergrund, daß er sich mit ‚Orestie' und ‚Persern' auch die moderne Bühne eroberte. Was an ihm ergriff, war der Ernst und die Unbedingtheit seines religiös-rechtlichen Denkens. Daß es eine segensreiche Ordnung des Rechts, eine auf göttlichem Recht beruhende politische und kulturelle Ordnung in der Welt gibt, garantiert durch die aus dem Perseransturm wiedererstandene athenische Polis, das ist der Gedanke oder besser das religiöse Erlebnis, das Aischylos bewegt: das *Mysterium der Gerechtigkeit und des Rechtes* in der Welt, das Mysterium eines nach geheimen, unverbrüchlichen Ordnungen bestehenden sozialen und kulturellen Weltzustandes. So stellt Aischylos immer wieder in seinen großen Trilogien dar, wie aus den unlösbaren Verstrickungen und Kämpfen einer düsteren Urzeit sich dieser neue geordnete Weltzustand, das Reich des Zeus (der ihm vornehmlich ‚der Gerechte' ist) erhoben hat, wie die Maßlosigkeit oder Überheblichkeit, die gegen diese Ordnung verstoßen zu können meint, an ihr gedemütigt zerbrechen muß.

Bei *Sophokles*, dem zweiten großen Tragiker der Griechen, stand es anders. Hier galt es aus der Zeit des Klassizismus für ausgemacht, daß er der ‚Tragiker des Menschen' sei. Man fand (was unbestreitbar richtig ist), daß er die großen überpersönlichen Schicksalsläufe, die Aischylos zu seinen Trilogien dargestellt hatte, zusammengezogen und auf den einzelnen Menschen versammelt hatte, der nun auch aus reicherer Innerlichkeit zu dem Hörer sprach. Als großer Gestaltenbildner, als ‚Ethiker' stellte Sophokles sich dar, als der Dichter des absoluten ausweglosen Menschenleids.

War Aischylos tief ergriffen von dem göttlichen Wunder des Bestands einer gerecht sinnvollen Weltordnung, so ist Sophokles tief betroffen durch das quälende Bewußtsein ihrer *Bedrohtheit*.

Der Dichter ahnt und fürchtet im Zusammenhang mit dem inneren wie äußeren Schicksal seiner fortgeschritteneren Zeit, zumal seit dem Tode des Perikles, einen bedrohlich heraufkommenden Weltverfall, der nicht nur beliebige Ursachen hat, sondern in einer Entheiligung und Entgöttlichung der Welt besteht. Die Gefahr dieser Entheiligung und Entgöttlichung der Welt stellt er in den auf uns gekommenen Dramen, greifbar von seiner Antigone an, dar. In einer in sich selbst entzweiten Welt gerät der charaktervolle, echte, aus reinen Trieben lebende und handelnde Mensch in die Verstrickung, wird unschuldig schuldig, und wenn er dann mit seinem Glück, mit seinem Dasein daran zerbrechen muß, so zerbricht er zwar mit seinem Glück und Dasein, aber er reinigt und errettet auch das Göttliche und damit die Welt durch das Opfer seines Lebens, seines Leidens.

In der ‚Antigone' würde durch die Tat des Kreon, der dem Toten das Recht der Bestattung vorenthält, weil er gegen die Vaterstadt zu Felde zog, das ganze Land verpestet werden. Schon besudeln die Vögel mit dem Fleisch des Toten die Altäre. Aber Antigone stirbt für die ungeschriebenen göttlichen Gesetze, und Kreon muß, schwer geschlagen, das Verderbliche seines doktrinären Fanatismus für ein sogenanntes Gedeihen des Volkes einsehen. Im ‚König Ödipus' fragen wir heute nicht mehr nach irgendeiner Individualschuld, denken nicht mehr daran, in dem den Mann zu sehen, der einer ehernen Bestimmung in menschlicher Klugheit zu entlaufen sucht und ihr doch geradewegs in die Falle geht. Ödipus ist der schuldlos Unreine, aber eben doch der Unreine. Er hat den Vater getötet und die Mutter geheiratet, und dieses Unreine, das sich da, von keinem geahnt, verbirgt: es muß heraus, muß an den Tag, zum Vorschein kommen. Aus dem prunkenden Schein muß die vernichtende Wahrheit ans Licht treten. Nun ist die Pest über das Land gekommen, es krankt – ergreifendes Bild des drohenden Weltverfalls. Die Entlarvung des faktisch unreinen, aber selbst von einem tiefen Bedürfnis der Reinheit erfüllten Königs, jene Entlarvung, die er selbst mit aller Gewalt vorantreibt, führt zu seiner Vernichtung, aber stellt ihn in der Wahrheit seiner Existenz wieder her und rettet die wieder gereinigte Welt und das Göttliche.

Als ein großes, göttlich-reinigendes Gewitter mag uns das Ödipus-Drama im ganzen erscheinen, wo zuerst eine drückende Atmosphäre lastet und es dann immer näher herangrollt, bis der Blitz einschlägt, vernichtend, aber eben auch reinigend. Das Gefühl der Bedrohung aber gibt der Dichter selbst in seinem großen mittleren Chorlied mit nachdrucksvoller Klarheit kund:

> Es sei mein Teil, heilige Reinheit üben . . .
> Wenn aber einer überheblich
> Mit Händen oder Worten einhergeht,
> Das Recht nicht fürchtend und der Götter Sitze
> Nicht ehrend. . .
> Wenn solches geschieht,
> Was soll ich tanzen! –
> Nicht mehr zum Unberührbaren geh' ich,
> Der Erden Nabel anbetend,
> Nicht nach Olympia . . .
> Nirgends ist mehr Apollon in den Opfern sichtbar.
> Hin ist das Göttliche.

Und auch was den zwiespältigen, grübelnden spätesten Tragiker *Euripides* angeht, so würde eine neuere Betrachtung dieses großen Denkers und Künstlers, die vorläufig noch aussteht, wohl erweisen können, wie auch er in seinem Kampf gegen die überkommen Formen des Götterglaubens und des Mythos doch durchaus nicht widergöttlich ist, sondern wie ihn in seinem Zwiespalt neue Forderungen des Göttlichen leiten. Jedenfalls geht es auch bei ihm bis herab zu seinem spätesten Drama, den ‚Bakchen', um das Ringen um Gott, das das Grundanliegen der ganzen attischen Tragödie ist."[5]

SCHAUDER, JAMMER UND REINIGUNG IN DER ANTIKEN TRAGÖDIE

Auf die beiden Mächte des *Streits* und des *Leids* ist die Handlung der alten Tragödie gestellt. In Streit und Leid zumal gewinnt im Raum des tragischen Dialogs das alte Sagengeschehen seine neue dramatisch-dialektische Wirklichkeit. Die Chöre stellen dabei mit ihren Anrufungen, Gebeten, Beschwörungen, Litaneien, Totenklagen den kultischen Bezug zum Göttlichen her. Die ‚Anwesenheit' des Göttlichen, die sich im Raum des dramatischen Dialogs im Zug des Geschehens selbst ausspricht, bekundet sich

---
[5] Wolfgang Schadewaldt, Antike und Gegenwart – Über die Tragödie, dtv 342, München 1966, S. 10 ff.

in den Chören unmittelbar. Die Chorpartien bilden in der alten echten Tragödie gleichsam den tragenden Goldgrund, auf dem sich – wie in byzantinischen und frühmittelalterlichen Gemälden – das Geschehen der heiligen Geschichte plastisch darstellt. Und dieser geheimnisvolle Goldgrund des Chorischen eben ist es, vor dem erst das dramatische Geschehen, als Nachvollzug der heiligen Geschichte, das lediglich menschlich Zufällige, Alltägliche verliert und von dem aus es jenes andere: die religiöse Bezogenheit und Gültigkeit gewinnt. Wer daran denken konnte, diesen Goldgrund zu beseitigen und durch ein naturalistisches Genre zu ersetzen, der möchte in dem, was übrig blieb, zwar noch immer das menschlich Ergreifende wie die dramatische Dynamik bewahren. Aber er behielt von dem, was die Tragödie in ihrem Wesen war, doch nur den geringsten Teil in der Hand. Denn das, was die Tragödie in ihrem Wesen vorführt, ist gerade nicht lediglich das Wohl und Wehe des herausgelösten, auf sich ‚selbst' gestellten Menschen, sondern jenes Mensch und Gott übergreifende Geschehen, in dem mit dem Menschlichen auch immer der Gott mit auf dem Spiel steht.

Denn die Tragödie ist nicht bloßes Drama, und noch weniger bloßes Theater. Worum es in der Tragödie geht und wodurch sie immer von neuem dem Theater seinen höchsten Beruf wiederherstellt, das ist mit einem Worte: die Darstellung jenes Geschehens, das ‚seltsamer ist als Prophetenlied'. Dieses Geschehen ist die Weise, wie am Menschen, an seinem edel-verworrenen Tun, seinem großen Leiden, seinem Untergang sich die *Wahrheit des Wirklichen* bezeugt, das seiner Natur nach entzweit, amphibolisch ist – jener unergründliche, nur durch das ausgetragene Leiden zu bestehende Zwiespalt Gottes mit sich selbst im Sinne jenes geheimnisvollen Spruchs, daß ‚Niemand gegen Gott ist als Gott selbst': *Nemo contra Deum nisi Deus ipse.*

Der Mensch, gerade insofern er als der Gottnahe, Gottdurchdrungene sich der Gottheit nähert, wird in diesem Wesenszwiespalt der Wahrheit des Wirklichen nicht in irgendeine abmeßbare Schuld hineingeführt: *unschuldig* wird er *schuldig* und muß diese *unschuldige Schuld*, auf der recht eigentlich der Tragödie beruht, an seinem Dasein tragisch austragen, mit seinem Leiden und wohl auch mit seinem Tod. Dieses Geschehen ist es dann, das uns, den beiwohnenden Zuschauer, nicht mit ‚Furcht' und ‚Mitleid' (nach Lessing), sondern vielmehr (nach dem wahren Aristoteles) mit ‚Schauder' und mit ‚Jammer' überfällt. Jedoch indem in all diesem Geschehen mit seinem Leiden, seinen Vernichtungen unerschütterlich der Bestand des Göttlichen sich immer wieder von neuem bewahrheitet – jenes ‚Und in alledem ist nichts, was nicht Zeus ist', das das letzte Wort einer Tragödie des Sophokles ist — erfahren wir jene tragische Reinigung, die den Zuschauer mit der Erleichterung von Schauder und Jammer schließlich wieder in die beglückende Wahrheit des auch in aller seiner Furchtbarkeit verehrungswürdigen Göttlichen hineinstellt.[6])

Die Aktualität des antiken Dramas

Das Drama der Antike, insbesondere die antike Tragödie, ist von zeitloser Aktualität. Es ist Vorbild und Muster für alle Dramenformen bis in unsere Gegenwart hinein. Seine Prinzipien und Kategorien sind seit zweieinhalbtausend Jahren gültig und maßgebend, insofern als sich auch moderne dramatische Gestaltungen an ihnen ausrichten und messen und sich mit ihnen beschäftigen (z. B. Anouilh, Brecht, Sartre u. a.)

Die Gestalten der griechischen Tragödie sind bis heute lebendig geblieben, weil sie Menschen einer unbegrenzten Allgemeingültigkeit sind.

Ob Antigone, Elektra, Helena oder Medea, ob Aias, Herakles, Philioktet oder Ödipus — immer ist ein Wesentliches menschlicher Existenz Person geworden und bis in seine innersten Tiefen bloßgelegt worden. Hat ihre Einmaligkeit ihnen ewiges Leben geschenkt, so hat ihre Unbedingtheit ihnen durch die Jahrtausende Gültigkeit gegeben und sie maßgebend gemacht. Indem sie um Fragen streiten, leiden, siegen oder untergehen, die uns längst nicht mehr berühren, gehen sie uns selbst immer noch leidenschaftlich an, weil sie ihre Fragen so radikal anfassen, daß immer eine ewige Frage berührt wird. So sind es unsere Sachen, die im antiken Drama zur Debatte stehen, einfach deswegen, weil es wesentliche Sachen des Menschen und der Menschheit überhaupt sind.

„Von der Magie der Worte in der Opferhandlung über die Anrufung der Götter in Hymnen und Gebeten bis zur Darstellung menschlicher Schicksale durchdringt die antike Dichtung alle Äußerungen des Menschseins. Sie ist Keimstätte der Sprache selbst, das erste Schaffen des Aussagens,

---

[6]) Wolfgang Schadewaldt, Antike und Gegenwart — Über die Tragödie, dtv 342, München 1966, S. 88 f.

Erkennens, Bewirkens."[7]) Als Götter- oder Heldenmythos wird dem Zuschauer im Theater ein dramatisches Geschehen vorgeführt, das auf ihn selbst und seine Mitmenschen bezogen ist, ein Leid, das jederzeit auch ihn, den Zuschauer selbst treffen kann, das er mitempfindet, mitleiden soll und deswegen er in Angst und Schrecken versetzt werden soll. Er soll in Furcht geraten, selbst einmal von einem solchen Leid betroffen zu werden und soll dabei die Unsicherheit seiner eigenen menschlichen Existenz erkennen.

Nichts anderes will der antike Dichter uns also geben als eine poetische Analyse der menschlichen Existenz. Und zu welchen Schlußfolgerungen gelangt er? Menschliche Vermessenheit (Hybris) und Gottlosigkeit müssen zur Selbstvernichtung führen, da die gottgewollte Ordnung der Dinge, das Gleichgewicht der göttlichen Welt zerstören. Auch die höchste Menschenmacht kann nur dauern, wenn sie sich ihres geborgten göttlichen Sinnes bewußt bleibt. Wo dieser göttliche Sinn nicht beachtet, verkannt oder verachtet wird und der Mensch der Vermessenheit (Hybris) anheimfällt, wird die Tödlichkeit und Abgründigkeit des menschlichen Daseins, die Fragwürdigkeit der menschlichen Existenz sichtbar. In Alkibiades, der Athen zur höchsten Macht emporzuführen gedachte, den die Geschichte aber zum Vollstrecker des notwendigen und gerechten Gerichtes über das hybride Athen ausersehen hatte, erlebte Sophokles die dämonische Verkörperung der Hybris. Daher seine Mahnung, daß sich jeder vor dem Göttlichen beugen solle, weil menschliche Ordnung sich nie aus sich selbst begründen und durch die Kraft des Menschen allein bewahren kann, sondern nur aus der Allgemeingültigkeit des objektiven Seins, dessen göttliche Gerechtigkeit der Staat wiederholen muß. Durch Leiden lernen, das Leben ernstnehmen, es führen in Gottesfurcht und religiöser Humanität, weil wir in jedem Augenblick die Tödlichkeit dieses in tiefstem Grunde tragischen Daseins erfahren können – das will uns der antike Dichter, will uns das antike Drama sagen. Sie rufen uns nicht so sehr ein Memento mori! als ein Memento vivere! zu.

Die Popularität des antiken Dramas zu seiner Zeit war erstaunlich. Trotz seiner weltanschaulichen Tiefe und seiner künstlerischen Höhe konnte es sich an alles Volk wenden und mit der heißen Teilnahme aller rechnen. Denn dieses Volk hatte die Fragwürdigkeit des menschlichen Daseins an sich selbst erfahren und suchte tastend nach einem letzten Grund, auf

---

[7]) Karl Jaspers, Vollendung der Wahrheit in ursprünglichen Anschauungen. In: Tragik und Tragödie, Darmstadt 1971, S. 3.

dem es stehen konnte. Es fand ihn in den Worten der Dichter, die ihm den göttlichen Sinn des Seins kündeten, das mit Leid und Tod und Vernichtung als Seiendes doch sinnvoll ist und seinen letzten Halt in dem findet, was ein anderer großer Dichter aus griechischem Geist, Goethe, in die Worte faßte: „Wir heißen's fromm sein."

Oder wie Sophokles in dem Schlußwort zu seinen „Trachinierinnen" es sagte: „Nichts von all dem, was nicht Zeus ist."

Mittelalterliche Mysterienspiele und Fastnachtsspiele

Die Entwicklungsgeschichte des geistlichen Dramas, die von den liturgischen Feiern zur Weihnachts-, Passions- und Osterzeit ausging, hatte eine immer stärkere Belebung der zunächst streng stilisierten religiösen Darstellungen ergeben. Langsam wurde der Text über kirchlich-hymnische Gesänge und liturgische Wechselreden hinaus erweitert. Dann traten einzelne Züge aus dem biblischen Bericht und realistische Episoden hinzu.

(Vgl. Osterspiel von Muri 1250 n. Chr., Wiener Passionsspiel 1320, Spiel von den fünf klugen und fünf törichten Jungfrauen 1322, St. Galler Spiel vom Leben Jesu 1330, Hessisches Weihnachtsspiel (Friedberg) 1450, Redentiner Osterspiel 1464, Bordesholmer Marienklage 1475, Passionsspiel von Eger (Böhmen), Sterzing, Brixen und Bozen (Südtirol) um 1500 und viele andere mehr).

Allmählich aber begnügte man sich nicht mehr mit der strengen kultischen Feier, das Mimische setzte sich, dem Volksempfinden entsprechend, gegenüber dem Sakralen durch. Schließlich wurde der Kirchenraum zu eng, und das sich sinnenkräftig entfaltende geistliche Schauspiel wechselte auf den bürgerlichen Marktplatz über.[8])

Nach Ersetzen der klerikalen Spieler durch Laien (Bürger, Handwerker) tritt an die Stelle des Lateinischen die deutsche Volkssprache. Nichtsde-

---

[8]) Fritz Martini, Deutsche Literaturgeschichte, Stuttgart 1965, S. 100.

stoweniger behält das geistliche Spiel zunächst seinen religiösen Charakter, versucht eine Sinngebung des menschlichen Daseins angesichts des Transzendenten zu sein. Hierher gehören auch der auf einsamer künstlerischer Höhe stehende Dialog „Der Ackermann aus Böhmen" des Johann von Saaz (Johann von Tepl) um 1400 n. Chr. und die „Jedermann"-Spiele des ausgehenden 15. Jahrhunderts.

Über den „Ackermann aus Böhmen" des Johann von Saaz

Der „Ackermann aus Böhmen" des Johann von Saaz, der sich auch Johann von Tepl nennt, ist das bedeutendste Denkmal des deutschen Früh-Humanismus in Böhmen, um 1400 n. Chr., ein Prosa-Streitgespräch zwischen Mensch und Tod.

Der Verfasser, um 1350 in Westböhmen geboren, war erst Lehrer in Tepl, seit 1383 Rektor der Lateinschule und Stadtschreiber in Saaz, 1411 Stadtnotar in Prag, wo er 1415 starb. Den geistigen Hintergrund bildet die Prager Kanzlei unter Kaiser Karl IV. und seinem Kanzler Johann von Neumarkt. Dessen sprachliche Bemühungen um eine Reform der Kanzleisprache, sein Streben nach einer künstlerischen, rhythmischen Sprache regten Johann von Saaz stark an.

„Das Streitgespräch ‚Der Ackermann aus Böhmen' ist einmalig in der Verschmelzung überpersönlichen rhetorischen Kunststils mit Herzensinbrunst, in der der Mensch aufsteht gegen den Tod: ‚Grimmiger Tilger aller Leute, schädlicher Verfolger aller Welt, schrecklicher Mörder aller Menschen, Ihr Tod, Euch sei geflucht.'

Der Ankläger fühlt sich im Urstand eines Ackermanns, des Urwesens Mensch vor Gott. Alle Flüche häuft er auf den Mörder Tod, der ihm die junge Frau im Kindbett entrissen hat. Als Kläger im Rechtsgang tritt er auf, wunderbarer Lobredner der ehelichen Liebe, und ruft die Schöpfung Gottes gegen den Tod zu Hilfe, unerschrocken kühn und doch grundfromm, bis Gott selbst entscheidet: dem Kläger die Ehre, dem Tod der Sieg.

Den Höhepunkt bildet das überwölbende Schlußgebet des Ackermanns zu Gott: eine Heiligen-Litanei, ohne Anruf der Heiligen, eine inbrünstige Verherrlichung der göttlichen Allmacht, bis zum Anruf Christi, die geliebte Tote aufzunehmen in die ewige Ruhe."[9]

---

[9]) Hermann Pongs, Das kleine Lexikon der Weltliteratur, Stuttgart 1956, S. 12.

„Für den Tod hat das Leben in der verderbten Welt keinen Wert in sich selbst; es ist um des Sterbens willen da, es ist ausgerichtet auf das, was auf den Tod folgt: das Jenseits. Der Geist des mittelalterlichen Menschen spricht aus dieser Anschauung. Für diesen gibt es eine feste Weltordnung, in der alles menschliche Tun darauf gerichtet sein muß, in Gottes Huld zu stehen und die ewige Seligkeit zu erringen (Parzival!). Wer in äußerlicher Weltlichkeit lebt, erfüllt den Sinn des Lebens nicht. Darum kann der Tod sagen, daß der Mensch Freude und Leid, Furcht und Hoffnung meiden solle, denn sie lenken ihn ab von seinem eigentlichen Ziel.

Für den Ackermann sieht die Welt ganz anders aus. Er wagt es, die göttliche Ordnung gerade da anzuzweifeln, wo für den christlich-mittelalterlichen Menschen das Tor zum wahren Leben geöffnet wird: er stellt die Berechtigung des Todes in Frage. Das Leben im Diesseits ist ihm nicht eine harte Prüfung in einem Jammertal, in der sich der Mensch in Askese das Jenseits verdienen muß, also dadurch, daß er seine Wünsche nach weltlichen Freuden in harter Selbstzucht überwindet. – Der Ackermann fordert das Recht auf Freude, Glück und Schönheit des Lebens, ja, für ihn ist die Welt zum Jammertal geworden, gerade weil die Lust am Leben nicht gültig sein soll.

Auch die Liebe ist für ihn ein Teil dessen, was das Leben lebenswert macht, und die einzig mögliche Antwort auf das Rätsel vom Sterben ist für den verlassenen Gatten, daß die geliebte Frau in seinem Herzen weiterleben wird, daß die Liebe mächtiger ist als der Tod.

So durchbricht in dieser Dichtung der Mensch eine festgefügte Ordnung, stellt sich auf die eigenen Füße und will ein eigenes Leben führen, will nach eigener Erkenntnis denken und handeln. Das Urteil Gottes bestätigt ihm die Ehre dieser Handlung, wenn Gott auch den Tod als unvermeidbar feststellt und Herr über die Seele bleibt.

Auch in der Form zeigt sich ein neues Selbstbewußtsein des Menschen. Der Dichter schreibt kein verschnörkeltes Buchdeutsch, sondern findet Wucht und Fülle in der volkstümlichen Kraft der Rede; er läßt jede poetische Regel der mittelalterlichen Dichtung hinter sich. Daß er Prosa schreibt, soll nicht wie beim Volksbuch den Weg zum Werk erleichtern und ebnen; die neue Sprachform entspringt dem Willen, dichterische Gesetze zu schaffen, die dem neuen Lebensgefühl entsprechen, und diese Gesetze sind keinem allgemeingültigen Maß verpflichtet, sondern hängen von der einzelnen Persönlichkeit ab.

Am Ende des Streitgesprächs steht ein Gebet des Witwers um das Seelenheil der Verstorbenen, in dem er sich in sein Schicksal ergeben hat. So ist die Lösung noch mittelalterlich; aber das Werk atmet ein Vertrauen auf die eigene Kraft, das deutlich einen Wandel im Denken der Menschen offenbart."[10])

Jedermann

Das Mysterienspiel vom Sterben des reichen Mannes, dem der Tod als Bote erscheint, ist eine Moralität, in der die guten Werke gegen die bösen Taten des Menschen gegeneinander aufgerechnet werden. Abstrakte Eigenschaften, Tugenden und Laster treten personifiziert als allegorische Personen auf und kämpfen um die Seele des sündigen Menschen.

Diese Mysterienspiele erscheinen fast gleichzeitig in England (,,Everyman" 1493 n. Chr.), in den Niederlanden (,,Elckerlijk" 1495) und in Deutschland (,,Hecastus" 1538). Auch Hans Sachs verfaßt 1549 einen ,,Hecastus", in dem er den Glauben als Retter des Menschen stärker herausarbeitet. 1911 hat Hugo von Hofmannsthal das Spiel im alten Knittelversstil erneuert; als Festspiel vor dem barocken Salzburger Dom haben viele Menschen unseres Jahrhunderts seine Wirkung erfahren.

Die Fastnachtsspiele

Die religiösen Spiele und geistlichen Dramen des Mittelalters, die Mysterienspiele und Moralitäten wollten von Gott künden, den Menschen die Heilswahrheiten einschärfen und ihren Blick auf das Jenseits lenken. Die zunehmende Säkularisierung und Verbürgerlichung ließ jedoch im 14. und vor allem im 15. Jahrhundert weltliche Spiele entstehen. Ursprünglich aus alten heidnischen Fruchtbarkeitsriten entstanden (Frühlingstanz, Winteraustreibung, Dämonenbannung), wandelten sie sich in schwankhaft-volkstümliche Spiele, die besonders zur Fastnachtszeit der Unterhaltung des einfachen Volkes dienten; infolgedessen schilderten sie in groben vierhebigen, gereimten Knittelversen, in einer derb-komischen Sprache, vorwiegend typische Streitsituationen, die vor Roheit und Unflätigkeit nicht zurückschreckten: häusliche Eheszenen, Ehebruch, ärztliche Bera-

---

[10]) A. und W. van Rinsum, Dichtung und Deutung, München 1964, S. 55 f.

tungen und Behandlungen drastischster Art, Gerichtsszenen, Narrenspiele. Bauern, Narren, Strolche, böse Weiber, aber auch Ärzte, Richter und Scholaren, einfältige, törichte, dumme Personen traten zur Belustigung des Publikums in den meist auf Plätzen und Straßen inszenierten Fastnachtsspielen auf.

Verfasser dieser Fastnachtsspiele waren u. a. die Nürnberger Meistersinger Hans Rosenplüt, Hans Folz und Hans Sachs, der allein etwa 1600 Schwänke und über 200 Schauspiele schrieb, deren bekannteste ,,Der fahrend Schüler im Paradeis", ,,Das Kälberbrüten", ,,Das Narrenschneiden" und ,,Der bös Rauch" sind.

Das Drama Shakespeares

Die Andersartigkeit, Großartigkeit und Bedeutung der Dramen Shakespeares wird in den beiden berühmten Aufsätzen Herders und Goethes geschildert, die alles Wesentliche der einmaligen dichterischen Erscheinung und dramatischen Kunst Shakespeares zusammenfassen; alle späteren Kommentare konnten diese beiden Aufsätze an Eindringlichkeit der Aussage nicht übertreffen.

Shakespeare (Johann Gottfried Herder)

Wenn bei einem Manne mir jenes ungeheure Bild einfällt: ,,Hoch auf einem Felsengipfel sitzend! Zu seinen Füßen Sturm, Ungewitter und Brausen des Meeres; aber sein Haupt in den Strahlen des Himmels!" so ist's bei Shakespeare! – Nur freilich auch mit dem Zusatz, wie unten am tiefsten Fuße seines Felsenthrones Haufen murmeln, die ihn – erklären, retten, verdammen, entschuldigen, anbeten, verleumden, übersetzen und lästern! – und die Er alle nicht hört!..

In Griechenland entstand das Drama, wie es im Norden nicht entstehen konnte. In Griechenland war's, was es im Norden nicht sein kann. Im Norden ist's also nicht und darf nicht sein, was es in Griechenland gewesen. Also Sophokles' Drama und Shakespeares Drama sind zwei Dinge, die in gewissem Betracht kaum den Namen gemein haben.

Die griechische Tragödie entstand gleichsam aus einem Auftritt, aus dem Impromptu des Dithyramben, des mimischen Tanzes, des Chors. Dieser bekam Zuwachs, Umschmelzung: Äschylos brachte statt einer handelnden Person zwei auf die Bühne, erfand den Begriff der Hauptperson und verminderte das Chormäßige. Sophokles fügte die dritte Person hinzu, erfand Bühne — aus solchem Ursprung, aber spät, hob sich das griechische Trauerspiel zu seiner Größe empor, ward Meisterstück des menschlichen Geistes, Gipfel der Dichtkunst, den Aristoteles so hoch ehrt und wir freilich nicht tief genug in Sophokles und Euripides bewundern können.

Nun sehe man, wieviel aus der simpeln Bemerkung folge. Nichts minder als das: ,,Das Künstliche ihrer Regeln war — keine Kunst! war Natur!" — Einheit der Fabel — war Einheit der Handlung, die vor ihnen lag; die nach ihren Zeit-, Vaterlands-, Religions-, Sittenumständen nicht anders als solch ein eins sein konnte. Einheit des Orts — war Einheit des Orts; denn die eine, kurze feierliche Handlung ging nur an einem Ort, im Tempel, Palast, gleichsam auf einem Markt des Vaterlandes vor: So wurde sie im Anfange nur mimisch und erzählend nachgemacht und zwischengeschoben; so kamen endlich die Auftritte, die Szenen hinzu — aber alles natürlich noch eine Szene, wo der Chor alles band, wo die Natur der Sache wegen die Bühne nie leer bleiben konnte usw. Und daß Einheit der Zeit nun hieraus folgte und natürlich mitging — welchem Kinde brauchte das bewiesen zu werden? Alle diese Dinge lagen damals in der Natur, daß der Dichter mit aller seiner Kunst ohne sie nichts konnte! . .

Shakespeare fand vor und um sich nichts weniger als Simplizität von Vaterlandssitten, Taten, Neigungen und Geschichtstraditionen, die das griechische Drama bildete, und da also nach dem ersten metaphysischen Weisheitssatz aus nichts nichts wird, so wäre, Philosophen überlassen, nicht bloß kein griechisches, sondern, wenn's außerdem nichts gibt, auch gar kein Drama in der Welt mehr geworden und hätte werden können. Da aber Genie bekanntermaßen mehr ist als Philosophie und Schöpfer ein ander Ding als Zergliederer: so war's ein Sterblicher . . mit Götterkraft begabt, eben aus dem entgegengesetztesten Stoff und in der verschiedensten Bearbeitung dieselbe Wirkung hervorzurufen, Furcht und Mitleid! und beide in einem Grade, wie jener erste Stoff und Bearbeitung es kaum vormals hervorzubringen vermocht! — Glücklicher Göttersohn über sein Unternehmen! Eben das Neue, Erste, ganz Verschiedene zeigt die Urkraft seines Berufs.

Shakespeare fand keinen Chor vor sich, aber wohl Staats- und Marionettenspiele — wohl! Er bildete also aus diesen Staats- und Marionettenspielen, dem so schlechten Leim! das herrliche Geschöpf, das da vor uns steht und lebt! Er fand keinen so einfachen Volks- und Vaterlandscharakter, sondern ein Vielfaches von Ständen, Lebensarten, Gesinnungen, Völkern und Spracharten – der Gram um das vorige wäre vergebens gewesen; er dichtete also Stände und Menschen, Völker und Spracharten, König und Narren, Narren und König zu dem herrlichen Ganzen! Er fand keinen so einfachen Geist der Geschichte, der Fabel, der Handlung; er nahm Geschichte, wie er sie fand, und setzte mit Schöpfergeist das verschiedenartigste Zeug zu einem Wunderganzen zusammen, was wir, wenn nicht Handlung im griechischen Verstande, so Aktion im Sinne der mittlern oder in der Sprache der neuern Zeiten Begebenheit (evenement), großes Ereignis nennen wollen . .

Man lasse mich als Ausleger und Rhapsodisten fortfahren: Denn ich bin Shakespeare näher als dem Griechen. Wenn bei diesem das eine einer Handlung herrscht, so arbeitet jener auf das Ganze eines Ereignisses, einer Begebenheit. Wenn bei jenem ein Ton der Charaktere herrscht, so bei diesem alle Charaktere, Stände und Lebensarten, soviel nur fähig und nötig sind, den Hauptklang seines Konzerts zu bilden. Wenn in jenem eine singende, feine Sprache wie in einem höhern Äther tönet, so spricht dieser die Sprache aller Alter, Menschen und Menschenarten, ist Dolmetscher der Natur in all ihren Zungen – und auf so verschiedenen Wegen beide Vertraute Einer Gottheit! – Und wenn jener Griechen vorstellt und lehrt und rührt und bildet, so lehrt, rührt und bildet Shakespeare nordische Menschen! Mir ist, wenn ich ihn lese, Theater, Akteur, Kulisse verschwunden! Lauter einzelne, im Sturm der Zeiten wehende Blätter aus dem Buch der Begebenheiten, der Vorsehung, der Welt! – einzelne Gepräge der Völker, Stände, Seelen!, die alle die verschiedenartigsten und abgetrenntest handelnden Maschinen, alle – was wir in der Hand des Weltschöpfers sind – unwissende, blinde Werkzeuge zum Ganzen eines theatralischen Bildes, einer Größe habenden Begebenheit, die nur der Dichter überschauet. Wer kann sich einen größern Dichter der nordischen Menschheit, und in dem Zeitalter! denken!

Wie vor ein Meer von Begebenheit, wo Wogen in Wogen rauschen, so tritt vor seine Bühne! Die Auftritte der Natur rücken vor und ab; wirken ineinander, so disparat sie scheinen; bringen sich hervor und zerstören sich, damit die Absicht des Schöpfers, der alle im Plane der Trunkenheit und Unordnung gesellet zu haben schien, erfüllt werde – dunkle kleine Symbole zum Sonnenriß einer Theodizee Gottes . .

Lear, der rasche, warme, edelschwache Greis, wie er da vor seiner Landkarte steht und Kronen wegschenkt und Länder zerreißt, in der ersten Szene der Erscheinung trägt schon allen Samen seiner Schicksale zur Ernte der dunkelsten Zukunft in sich. Siehe! der gutherzige Verschwender, der rasche Unbarmherzige, der kindische Vater wird es bald sein auch in den Vorhöfen seiner Töchter – bittend, betend, betteln, fluchend, schwärmend, segnend – ach Gott! und Wahnsinn ahndend. Wird's sein bald mit bloßem Scheitel unter Donner und Blitz, zur untersten Klasse von Menschen herabgestürzt, mit einem Narren und in der Höhle eines tollen Bettlers Wahnsinn gleichsam pochend vom Himmel herab. – Und nun ist, wie er's ist, in der ganzen leichten Majestät seines Elends und Verlassens; und nun zu sich kommend, angeglänzt vom letzten Strahle der Hoffnung, damit diese auf ewig, ewig erlösche! Gefangen, die tote Wohlthäterin, Verzeiherin, Kind, Tochter auf seinen Armen! auf ihrem Leichnam sterbend, der alte Knecht dem alten König nachsterbend – Gott! welch ein Wechsel von Zeiten, Umständen, Stürmen, Wetter, Zeitläuften! und alle nicht bloß eine Geschichte – Helden- und Staatsaktion, wenn du willt, von einem Anfange zu einem Ende, nach der strengsten Regel deines Aristoteles – sondern tritt näher und fühle den Menschengeist, der auch jede Person und Alter und Charakter und Nebending in das Gemälde ordnete! Zween alte Väter und alle ihre so verschiedne Kinder! Des einen Sohn gegen einen betrognen Vater unglücklich dankbar, der andre gegen den gutherzigsten Vater scheußlich undankbar und abscheulich glücklich. Der gegen seine Töchter! diese gegen ihn! ihre Gemahl, Freier und alle Helfershelfer im Glück und Unglück. Der blinde Gloster am Arm seines unerkannten Sohnes, und der tolle Lear zu den Füßen seiner vertriebnen Tochter! und nun der Augenblick der Wegscheide des Glücks, da Gloster unter seinem Baume stirbt und die Trompete rufet, alle Nebenumstände, Triebfedern, Charaktere und Situationen da hinein gedichtet – alles im Spiel! zu einem Ganzen sich fortwickelnd – zu einem Vater- und Kinder-, Königs- und Narren- und Bettler- und Elend-Ganzen zusammengeordnet, wo doch überall bei den disparatsten Szenen Seele der Begebenheit atmet, wo Örter, Zeiten, Umstände, selbst, möchte ich sagen, die heidnische Schicksals- und Sternenphilosophie, die durchweg herrscht, so zu diesem Ganzen gehören, daß ich nichts verändern, versetzen, aus andern Stücken hierher oder hieraus in andre Stücke bringen könnte. Und das wäre kein Drama? Shakespeare kein dramatischer Dichter? Der hundert Auftritte einer Weltbegebenheit mit dem Arm umfaßt, mit dem Blick ordnet, mit der einen durchhauchenden, alles belebenden Seele erfüllet und nicht Aufmerksamkeit: Herz, alle Leidenschaften, die ganze Seele von Anfang bis zu Ende fortreißt – wenn nicht mehr, so soll Vater Aristoteles zeugen, „die Größe des lebendigen Geschöpfs darf nur mit einem Blick übersehen werden können" – und hier – Himmel! wie wird das Ganze der Begebenheit mit tiefster Seele fortgefühlt und geendet! – Eine Welt dramatischer Geschichte, so groß und tief wie die Natur; aber der Schöpfer gibt uns Auge und Gesichtspunkte, so groß und tief zu sehen!

Daß Zeit und Ort wie Hülsen um den Kern immer mitgehen, sollte nicht einmal erinnert werden dürfen, und doch ist hierüber eben das hellste Geschrei. Fand Shakespeare den Göttergriff, eine ganze Welt der disparatesten Auftritte zu einer Begebenheit zu erfassen; natürlich gehörte es eben zur Wahrheit seiner Begebenheiten, auch Ort und Zeit jedesmal zu idealisieren, daß sie mit zur Täuschung beitrügen. Ist wohl jemand in der Welt zu einer Kleinigkeit seines Lebens Ort und Zeit gleichgültig? Und sind sie's insonderheit in den Dingen, wo die ganze Seele geregt, gebildet, umgebildet wird? in der Jugend, in Szenen der Leidenschaft, in allen Handlungen aufs Leben! Ist's da nicht eben Ort und Zeit und Fülle der äußern Umstände, die der ganzen Geschichte Haltung, Dauer, Existenz geben muß, und wird ein Kind, ein Jüngling, ein Verliebter, ein Mann im Felde der Taten sich wohl einen Umstand des Lokals, des Wie? und Wo, und Wann? wegschneiden lassen, ohne daß die ganze Vorstellung seiner Seele litte? Da ist nun Shakespeare der größte Meister, eben weil er nur und immer Diener der Natur ist. Wenn er die Begebenheiten seines Dramas dachte, im Kopf wälzte, wie wälzen sich jedesmal Örter und Zeiten so mit umher! Aus Szenen und Zeitläuften aller Welt findet sich, wie durch ein Gesetz der Fatalität, eben die hieher, die dem Gefühl der Handlung die kräftigste, die idealste ist; wo die sonderbarsten, kühnsten Umstände am meisten den Trug der Wahrheit unterstützen, wo Zeit- und Ortswechsel, über die der Dichter schaltet, am lautesten rufen: „Hier ist kein Dichter! ist Schöpfer! ist Geschichte der Welt!" . .

Shakespeare und kein Ende   (Johann Wolfgang von Goethe)

Es ist über Shakespeare schon soviel gesagt worden, daß es scheinen möchte, als wäre nichts mehr zu sagen übrig; und doch ist dies die Eigenschaft des Geistes, daß er den Geist ewig anregt.

Nennen wir nun Shakespeare einen der größten Dichter, so gestehen wir zugleich, daß nicht leicht jemand die Welt so gewahrte wie er, daß nicht leicht jemand den Leser in höherem Grade mit in das Bewußtsein der Welt versetzt. Sie wird für uns völlig durchsichtig: wir finden uns auf einmal als Vertraute der Tugend und des Lasters, der Größe, der Kleinheit, des Adels, der Verworfenheit, und dieses alles, ja noch mehr, durch die einfachsten Mittel. Durchs lebendige Wort wirkt Shakespeare: es konspirieren Helden und Kriegsknechte, Herren und Sklaven, Könige und Boten, ja die untergeordneten Figuren wirken oft tätiger als die Hauptgestalten. Alles, was bei einer großen Weltbegebenheit durch die Lüfte säuselt, was in Momenten ungeheurer Ereignisse sich in den Herzen der Menschen verbirgt, wird ausgesprochen; was ein Gemüt ängstlich verschließt und versteckt, wird frei und flüssig an den Tag gefördert; wir erfahren die Wahrheit des Lebens, und wissen nicht wie.

Shakespeare gesellt sich zum Weltgeist; er durchdringt die Welt wie jener, beiden ist nichts verborgen; aber wenn des Weltgeists Geschäft es ist, Geheimnisse vor der Tat, ja oft nach der Tat zu bewahren, so ist es der Sinn des Dichters, das Geheimnis zu offenbaren und uns zu Vertrauten zu machen. Der lasterhaft Mächtige, der wohldenkende Beschränkte, der leidenschaftlich Hingerissene, der ruhig Betrachtende, alle tragen ihr Herz in der Hand, oft gegen alle Wahrscheinlichkeit; jedermann ist redselig und redsam. Das Geheimnis muß heraus, und sollten es die Steine verkünden. Selbst das Unbelebte drängt sich hinzu, alles Untergeordnete spricht mit, die Elemente, Himmel-, Erd- und Meerphänomene, Donner und Blitz; wilde Tiere erheben ihre Stimme, oft scheinbar als Gleichnis, aber ein wie das andere Mal mithandelnd.

Aber auch die zivilisierte Welt muß ihre Schätze hergeben; Künste und Wissenschaften, Handwerk und Gewerbe, alles reicht seine Gaben dar. Shakespeares Dichtungen sind ein großer Jahrmarkt, und diesen Reichtum hat er seinem Vaterland zu verdanken.

Das Drama der Aufklärung und des Sturm und Drang

Das 18. Jahrhundert – das Jahrhundert der Aufklärung, der Denker und Philosophen, der Theoretiker und Kritiker – war vor allem damit beschäftigt, sich mit der Theorie des Dramas intensiv auseinanderzusetzen. Dabei spielte die Interpretation bestimmter Postulate der Poetik des Aristoteles eine bedeutende Rolle. Die Debatte darüber wurde in erster Linie von Gottsched (1700-1766), der für den Klassizismus des französischen Theaters, für Corneille und Racine eintrat, von Nicolai (1733-1811) und Lessing (1729-1781) angeführt, die sich gegen den starren Formalismus der Franzosen wandten und für Shakespeare einsetzten.

Besonders bemühte man sich um eine neue Definition des Tragischen und meinte, ,,daß die dramatische Katharsis (Reinigung) eine Verwandlung der von Aristoteles in den Mittelpunkt der Tragödie gestellten Leidenschaften der Furcht – nicht des ,,Schreckens" im Sinn der französischen Tragödie – und des Mitleids zu tugendhaften Fertigkeiten" sei. Durch das Mitleid am Schicksal des Helden soll der Zuschauer geläutert und zur Tugend schlechthin erzogen werden.

Im folgenden geben wir einige Beispiele für die aufklärerische Auffassung vom Wesen des Dramas. Immer wieder diskutiert, knüpft sie an die Behauptung des Aristoteles an, wonach ,,in der Tragödie, die auf der Einheit von Ort, Zeit und Handlung beruht, mit Hilfe von Furcht und Mitleid eine Reinigung von Affekten erzielt wird."

Inhaltlich vertritt das Drama der Aufklärung in einer gewissen moralisierenden Weise den Gedanken der Humanität und Toleranz (Lessing, ,,Nathan der Weise"), das Ethos der menschlichen Ehrenhaftigkeit (Lessing, ,,Minna von Barnhelm") sowie die Ehre und Würde des Menschen schlechthin (Lessing, ,,Emilia Galotti"). Im Widerspruch gegen die Aufklärung wirft der Sturm und Drang alle dramatischen Regeln (das Prinzip der drei Einheiten, Reimzwang und Versmaß) über Bord, tritt für persönliche und künstlerische Freiheit und Originalität, für Genialität und Schöpfertum, Vitalität und Leidenschaft ein und betont besonders die soziale Komponente durch engagiertes Eintreten für die Rechte der gesellschaftlich unterdrückten und mißachteten Menschenkreatur, durch deutliche Hinweise auf die Überheblichkeit und den Hochmut der gehobenen Stände, auf die Anmaßung, Korruption und tyrannische Machtausübung der Adels- und Fürstengesellschaft (Hauslehrerszene in Lenz' ,,Der Hofmeister", Kammerdienerszene in Schillers ,,Kabale und Liebe").

Gottsched, Nicolai und Lessing über das Trauerspiel

Johann Christoph Gottsched: Das Trauerspiel (1729)

Ein Trauerspiel ist ein lehrreiches moralisches Gedicht, darin eine wichtige Handlung vornehmer Personen auf der Schaubühne nachgeahmt und vorgestellt wird. Es ist eine allegorische Fabel, die eine Hauptlehre zur Absicht hat und Mitleiden und Schrecken zu dem Ende erregt, damit sie dieselben in ihre gehörigen Schranken bringen möge. Die Tragödie ist also ein Bild der Unglücksfälle, die den Großen dieser Welt begegenen und von ihnen entweder heldenmütig und standhaft ertragen oder großmütig überwunden werden. (Siehe auch Gottscheds Ausführungen zu der Theorie von den drei Einheiten auf Seite 20.)

Friedrich Nicolai: Brief über das Trauerspiel an Lessing

(31. August 1756)

Hauptsächlich habe ich den Satz zu widerlegen gesucht, den man dem Aristoteles so oft nachgesprochen hat, es sei der Zweck des Trauerspiels, die Leidenschaften zu reinigen oder die Sitten zu bilden. Er ist, wo nicht falsch, doch wenigstens nicht allgemein und Schuld daran, daß viele deutsche Trauerspiele so schlecht sind. Ich setze also den Zweck des Trauerspiels in die Erregung der Leidenschaften und sage: Das beste Trauerspiel ist das, welches die Leidenschaften am heftigsten erregt, nicht das, welches geschickt ist, die Leidenschaften zu reinigen. Auf diesen Zweck suche ich die Eigenschaften des Trauerspiels zu vereinigen. Das vornehmste Stück ist und bleibt die Handlung, weil dieselbe zu der Erregung der Leidenschaften am meisten beiträgt. (Die wesentlichen Eigenschaften der Handlung sind die Größe, die Fortdauer, die Einfalt.) Die tragische Größe einer Handlung besteht nicht darin, daß sie von großen oder vornehmen Personen vollbracht wird, sondern darin, daß sie geschickt ist, heftige Leidenschaften zu erregen. Die Fortdauer einer Handlung bestehet darin, daß sie nie durch eine andere Handlung unterbrochen werde; und die Simplizität, daß sie nicht durch Inzidenthandlungen so verwickelt werde, daß es Mühe kostet, ihre Anlage einzusehen. Hat sie diese beiden letzteren Eigenschaften, so hat sie zugleich die Eigenschaft, welche die Kunstrichter schon längst unter dem Namen der Einheit anbefohlen haben. Die Einheit der Handlung ist durchaus notwendig; ohne sie können wohl Teile, aber niemals das Ganze schön sein. Die Einheiten der Zeit und des Orts müssen nicht so streng beobachtet sein, und es ist am besten, Zeit und Ort nicht allzu genau zu bestimmen.

Gotthold Ephraim Lessing: Brief über das Trauerspiel an Nicolai

(13. November 1756)

Das meiste wird darauf ankommen: was das Trauerspiel für Leidenschaften erregt. In seinen Personen kann es alle möglichen Leidenschaften wirken lassen, die sich zu der Würde des Stoffes schicken. Aber werden auch zugleich alle diese Leidenschaften in den Zuschauern rege? Wird er freudig? wird er verliebt? wird er zornig? wird er rachsüchtig? Ich frage nicht, ob ihn der Poet so weit bringt, daß er diese Leidenschaften in der spielenden Person billiget, sondern ob er ihn so weit bringt, daß er diese Leidenschaften selbst *fühlt,* und nicht bloß fühlt, ein andrer fühle sie?

Kurz, ich finde keine einzige Leidenschaft, die das Trauerspiel in dem Zuschauer rege macht, als das Mitleiden. Sie werden sagen: erweckt es nicht auch Schrecken? erweckt es nicht auch Bewunderung? Schrecken und Bewunderung sind keine Leidenschaften nach meinem Verstande. Was denn?

Der Weg zum Mitleid wird dem Zuhörer zu lang, wenn ihn nicht gleich der erste Schreck aufmerksam macht, und das Mitleiden nützt sich ab, wenn es sich nicht in der Bewunderung erholen kann. Wenn es also wahr ist, daß die ganze Kunst des tragischen Dichters auf die sichere Erregung und Dauer des einzigen Mitleidens geht, so sage ich nunmehr, die Bestimmung der Tragödie ist diese: sie soll *unsre Fähigkeit, Mitleid zu fühlen,* erweitern. Sie soll uns nicht bloß lehren, gegen diesen oder jenen Unglücklichen Mitleid zu fühlen, sondern sie soll uns so weit fühlbar machen, daß uns der Unglückliche zu allen Zeiten und unter allen Gestalten rühren und für sich einnehmen muß. *Der mitleidigste Mensch ist der beste Mensch,* zu allen gesellschaftlichen Tugenden, zu allen Arten der Großmut der aufgelegteste. Wer uns also mitleidig macht, macht uns besser und tugendhafter, und das Trauerspiel, das jenes tut, tut auch dieses, oder – es tut jenes, um dieses tun zu können. Bitten Sie es dem Aristoteles ab, oder widerlegen Sie mich.

Auf gleiche Weise verfahre ich mit der Komödie. Sie soll uns zur Fertigkeit verhelfen, alle Arten des Lächerlichen leicht wahrzunehmen. Wer diese Fertigkeit besitzt, wird in seinem Betragen alle Arten des Lächerlichen zu vermeiden suchen und eben dadurch der wohlgezogenste und gesittetste Mensch werden. Und so ist auch die Nützlichkeit der Komödie gerettet.

Gotthold Ephraim Lessing: Der 17. Literaturbrief

(16. Februar 1759)

Gottsched wollte nicht sowohl unser altes Theater verbessern, als der Schöpfer eines ganz neuen sein. Und was für eines neuen? Eines französierenden; ohne zu untersuchen, ob dieses französierende Theater der deutschen Denkungsart angemessen sei, oder nicht.

Er hätte aus unsern alten dramatischen Stücken, welche er vertrieb, hinlänglich abmerken können, daß wir mehr in den Geschmack der Engländer, als der Franzosen einschlagen; daß wir in unsern Trauerspielen mehr sehen und denken wollen, als uns das furchtsame französische Trauerspiel zu sehen und zu denken gibt; daß das Große, das Schreckliche, das Melancholische, besser auf uns wirkt als das Artige, das Zärtliche, das Verliebte; daß uns die zu große Einfalt mehr ermüde, als die zu große Verwicklung etc. Er hätte also auf dieser Spur bleiben sollen, und sie würde ihn geraden Weges auf das englische Theater geführet haben. –

Auch nach den Mustern der Alten die Sache zu entscheiden, ist *Shakespeare* ein weit größerer tragischer Dichter als *Corneille;* obgleich dieser die Alten sehr wohl, und jener fast gar nicht gekannt hat. *Corneille* kömmt ihnen in der mechanischen Einrichtung, und *Shakespeare* in dem Wesentlichen näher. Der Engländer erreicht den Zweck der Tragödie fast immer, so sonderbare und ihm eigene Wege er auch wählet; und der Franzose erreicht ihn fast niemals, ob er gleich die gebahnten Wege der Alten betritt. Nach dem „Ödipus" des *Sophokles* muß in der Welt kein Stück mehr Gewalt über unsere Leidenschaften haben als „Othello", als „König Lear", als „Hamlet" etc. Hat *Corneille* ein einziges Trauerspiel, das Sie nur halb so gerühret hat?

Gotthold Ephraim Lessing: Hamburgische Dramaturgie

„Die Einheit der Handlung war das erste dramatische Gesetz der Alten; die Einheit der Zeit und die Einheit des Ortes waren gleichsam nur Folgen aus jener, die sie schwerlich strenger beobachtet haben würden, als es nicht notwendig erfordert hätte, wenn nicht die Verbindung des Chors dazugekommen wäre. Da nämlich ihre Handlungen eine Menge Volks zum Zeugen haben mußte und diese Menge immer die nämliche blieb, welche sich weder weiter von ihren Wohnungen entfernen, noch länger aus denselben wegbleiben konnte, als man gewöhnlich der bloßen Neugierde wegen zu tun pflegt: so konnten sie fast nicht anders, als den Ort auf einen und eben denselben individuellen Platz, und die Zeit auf einen und eben denselben Tag einschränken." *(Hamburgische Dramaturgie* 46. Stück vom 6. Okt. 1767)

„Denn er, Aristoteles, ist es gewiß nicht, der die mit Recht getadelte Einteilung der tragischen Leidenschaften in Mitleid und Schrecken gemacht hat. Man hat ihn falsch verstanden, falsch übersetzt. Er spricht von Mitleid und Furcht, nicht von Mitleid und Schrecken; und seine Furcht ist durchaus nicht die Furcht, welche uns das bevorstehende Übel eines andern für diesen andern erweckt, sondern es ist die Furcht, welche aus unserer Ähnlichkeit mit der leidenden Person für uns selbst entspringt; es ist die Furcht, daß die Unglücksfälle, die wir über diese verhängt sehen, uns selbst treffen können; es ist die Furcht, daß wir der bemitleidete Gegenstand selbst werden können. Mit einem Wort: Diese Furcht ist das auf uns selbst bezogene Mitleid." *(Hamburgische Dramaturgie* 75. Stück vom 19. Januar 1768)

Jakob Michael Reinhold Lenz: Anmerkungen übers Theater (1771)

Was heißen die drei Einheiten? Hundert Einheiten will ich euch angeben, die alle immer doch die eine bleiben. Einheit der Nation, Einheit der Sprache, Einheit der Religion, Einheit der Sitten – ja was wird's denn nun? Immer dasselbe, immer und ewig dasselbe. Der Dichter und das Publikum müssen die eine Einheit fühlen, aber nicht klassifizieren...

Bei den alten Griechen war's die Handlung, die sich das Volk zu sehen versammelte. Bei uns ist's die Reihe von Handlungen, die wie Donnerschläge aufeinanderfolgen, eine die andere stützen und heben, in ein großes Ganze zusammenfließen müssen, das hernach nichts mehr und nichts minder ausmacht als die Hauptperson, wie sie in der ganzen Gruppe ihrer Mithändler hervorsticht. Was können wir dafür, daß wir den Menschen sehen wollen, wo jene nur das unwandelbare Schicksal und seine geheimen Einflüsse sahen. Oder scheuen Sie sich, meine Herren! einen Menschen zu sehen?

Lenz hat in seinen *„Anmerkungen übers Theater"* (1774) die Dramaturgie des „Charakterdramas" geschrieben. Dichtung ist „Nachahmung der Natur", das heißt „aller der Dinge, die wir um uns herum sehen, hören et cetera, die durch die fünf Tore unsrer Seele in dieselbe hineindringen". In der Ablehnung des Aristoteles wird das moderne Drama zur gedichteten Psychologie, die auch keine Einheit der Handlung, sondern nur noch die

Einheit des Charakters anerkennt. Tragisches und Komisches rücken auf diese Weise eng aneinander, und es entsteht die gerade für Lenz so bezeichnende neue Form der ,,Tragi-Komödie", eine Sturm- und Drang-Fortsetzung der comédie larmoyante, bei der sich soziale Kritik, naturalistische Verzerrung bis ins Fratzenhafte und absichtliche Verwilderung ins Grelle und Bunte widerspruchsvoll miteinander mischen. Mancherlei strömt in diese Freude des Sturm und Drang am Charakterdrama ein, Gesellschaftskritik und Satire, psychologisches Interesse und bürgerliche Selbstbespiegelung, empfindsames Mitleid und Übersteigerung ins Kolossalische und Karikierende. Alles dies und auch noch die Selbstherrlichkeit der Charaktere, ,,die sich ihre Begebenheiten erschaffen, die selbständig und unveränderlich die ganze große Maschine selbst drehen, ohne die Gottheit in den Wolken . . . nötig zu haben."[11])

Das Drama der Klassik

Klopstocks Schöpfungsglaube (1748), Winckelmanns Idee von der ,,edlen Einfalt und stillen Größe" des in sich vollkommen, harmonisch vollendeten Menschen (1755), Lessings Ausführungen zur ,,Erziehung des Menschengeschlechts" (1780), zu einer alle religiösen, nationalen und sozialen Schranken überwindenden Gemeinschaft aller Menschen und Herders Lehre von der ,,Universalgeschichte der Bildung der Welt, die alles geschichtliche Werden als Weg zur Humanität" begreift (1774), fließen in der Dramentheorie der Klassik zu einer Einheit zusammen.

Ihr oberstes Gesetz ist die Verkündung reiner Menschlichkeit, einer absoluten Sittlichkeit, Erhabenheit, Größe und Selbstverantwortlichkeit des Menschen allen ihn bedrängenden Mächten gegenüber, des Sieges über sich selbst im Widerstreit zwischen Pflicht und Neigung und einer ,,idealischen" Lebenshaltung, Selbstverwirklichung und Selbstvollendung – gebannt in eine an der Antike orientierten, aber nicht sklavisch befolgten Formgebung der überkommenen dramatischen Regeln.

---

[11]) Benno von Wiese, Die deutsche Tragödie von Lessing bis Hebbel, Hamburg 1956, S. 61.

Eine grundlegende Auseinandersetzung mit der Poetik des Aristoteles war dabei unerläßlich. Goethe vollzog sie in dem Aufsatz „Nachlese zu Aristoteles Poetik":

Nachlese zu Aristoteles Poetik (1826)

Ein Jeder, der sich einigermaßen um die Theorie der Dichtkunst überhaupt, besonders aber der Tragödie bekümmert hat, wird sich einer Stelle des Aristoteles erinnern, welche den Auslegern viel Not machte, ohne daß sie sich über ihre Bedeutung völlig hätten verständigen können. In der nähern Bezeichnung der Tragödie nämlich scheint der große Mann von ihr zu verlangen, daß sie durch Darstellung Mitleid und Furcht erregender Handlungen und Ereignisse von den genannten Leidenschaften das Gemüt des Zuschauers reinigen solle.

Meine Gedanken und Überzeugung von gedachter Stelle glaube ich aber am besten durch eine Übersetzung derselben mitteilen zu können.

„Die Tragödie ist die Nachahmung einer bedeutenden und abgeschlossenen Handlung, die eine gewisse Ausdehnung hat und in anmutiger Sprache vorgetragen wird, und zwar von abgesonderten Gestalten, deren jede ihre eigene Rolle spielt, und nicht erzählungsweise von einem Einzelnen, nach einem Verlauf aber von Mitleid und Furcht mit Ausgleichung solcher Leidenschaften ihr Geschäft abschließt."

Durch vorstehende Übersetzung glaube ich nun die bisher dunkel geachtete Stelle ins Klare gesetzt zu sehen, und füge nur folgendes hinzu: Wie konnte Aristoteles in seiner jederzeit auf den Gegenstand hinweisenden Art, indem er ganz eigentlich von der Konstruktion des Trauerspiels redet, an die Wirkung, und was mehr ist, an die entfernte Wirkung denken, welche eine Tragödie auf den Zuschauer vielleicht machen würde? Keineswegs! Er spricht ganz klar und richtig aus: Wenn sie durch einen Verlauf von Mitleid und Furcht erregenden Mitteln durchgegangen, so müsse sie mit Ausgleichung, mit Versöhnung solcher Leidenschaften zuletzt auf dem Theater ihre Arbeit abschließen.

Er versteht unter Katharsis diese aussöhnende Abrundung, welche eigentlich von allem Drama, ja sogar von allen poetischen Werken gefordert wird.

In der Tragödie geschieht sie durch eine Art Menschenopfer, es mag nun wirklich vollbracht, oder unter Einwirkung einer günstigen Gottheit durch ein Surrogat gelöst werden, wie im Falle Abrahams und Agamemnons; genug, eine Söhnung, eine Lösung ist zum Abschluß unerläßlich, wenn die Tragödie ein vollkommenes Dichtwerk sein soll.

Goethe und das Tragische

An die Stelle des antiken Schicksalsdramas, des mittelalterlichen Mysterienspiels, der Moralität, des Shakespeareschen Charakterdramas und „Weltdramas" tritt in der Klassik das Seelendrama, das sich vor allem auf dem Boden und vor dem Hintergrund geschichtlicher Begebenheiten vollzieht. Der Widerstreit von Idee und Geschichte und die daraus resultierende Tragik wird Gegenstand der klassischen Dramatik.

Goethe allerdings wich einer allzu starken Bedrängung durch das Tragische aus, vor allem wohl deswegen, weil er in ihm eine Gefährdung der „edlen Einfalt und stillen Größe", der Harmonisierung des klassischen Menschentums sah, das er in sich zu verwirklichen bestrebt war.

So schrieb er am 9. Dezember 1797 an Schiller: „Ohne ein lebhaftes pathologisches Interesse ist es mir niemals gelungen, eine tragische Situation zu bearbeiten, und ich habe sie daher lieber vermieden als aufgesucht. Ich kenne mich zwar nicht selbst genug, um zu wissen, ob ich eine wahre Tragödie schreiben könnte, ich erschrecke aber bloß vor dem Unternehmen und bin beinahe überzeugt, daß ich mich durch den bloßen Versuch zerstören könnte."

Gegenüber Kanzler Müller äußert sich Goethe am 6. Juni 1824: „Alles Tragische beruht auf einem unausgleichbaren Gegensatz. Sowie Ausgleichung eintritt oder möglich wird, schwindet das Tragische."

Und an Zelter schreibt er am 31. Oktober 1831: „Was die Tragödie betrifft, ist es ein kitzlicher Punkt. Ich bin nicht zum tragischen Dichter geboren, da meine Natur conciliant ist; daher kann der reintragische Fall mich nicht interessieren, welcher eigentlich von Haus aus unversöhnlich sein muß."

Hierzu Benno von Wiese: „Wenn Goethe die wahre Tragödie als mögliche Zerstörung seiner selbst empfindet, so ist dieses Wort in dem ganzen radikalen Ernst zu nehmen, mit dem es gesagt ist. Die echte Tragödie ist so furchtbar und geht so über alles Menschliche hinaus, daß sie den Menschen bis an die Wurzel vernichtet und damit seine Existenz in dieser Welt unmöglich macht. Gerade weil Goethe um eine solche Gnadenlosigkeit des Tragischen wußte, hat er alle heilenden, segnenden und wiederherstellenden Kräfte aufgerufen, die die Mitte der Menschheit und die Ordnung des Seins auf eine übertragische Weise gründen und tragen können." (a.a.O. S. 78)

Alle Dramen Goethes, und vor allem die sogenannten „klassischen", zeigen, wie sehr es Goethe auf eine „Söhnung", auf eine „Lösung" ankam. Der Schluß des „Egmont", des „Tasso", des „Faust" und der „Iphigenie" (die Szene V, 3 mag ein Beispiel dafür sein), liefern den Beweis.

Daß die zerstörerischen Mächte und die Dämonie des Tragischen, das der Mensch im Drama der Klassik durch eigene Kraft und Seelengröße überwindet, in eine Form gebannt werden, die ebenmäßig, klar, ausgeglichen, harmonisch und in sprachlicher Hinsicht von höchster Schönheit, Musikalität und Leuchtkraft ist, bestätigt die Überlegenheit des Geistigen über das Materielle, den Triumph der Idee über das ungebändigt Chaotische, Ungereimte, Ungeformte, den Willen der Klassik, das blinde Ausgeliefertsein des Menschen an Schuld und Verfehlung, an ein heilloses Verhängnis durch eine „Heilung" auch in formaler Hinsicht zu kompensieren, den „Stoff durch die Form zu vertilgen".

Friedrich Schiller: Über den Sinn der Kunst und der Tragödie

(Aus der Vorrede zur „Braut von Messina", 1803)

Es ist nicht wahr, was man gewöhnlich behaupten hört, daß das Publikum die Kunst herabzieht; der Künstler zieht das Publikum herab, und zu allen Zeiten, wo die Kunst verfiel, ist sie durch den Künstler verfallen. Das Publikum braucht nichts als Empfänglichkeit, und diese besitzt es. Es tritt vor den Vorhang mit einem unbestimmten Verlangen, mit einem vielseitigen Vermögen. Zu dem Höchsten bringt es eine Fähigkeit mit, es erfreut sich an dem Verständigen und Rechten, und wenn es damit angefangen hat, sich mit dem Schlechten zu begnügen, so wird es zuverlässig damit aufhören, das Vortreffliche zu fordern, auch wenn man es ihm erst gegeben hat. . .

Indem man das Theater ernsthafter behandelt, will man das Vergnügen des Zuschauers nicht aufheben, sondern veredeln. Das Theater soll ein Spiel bleiben, aber ein poetisches. Alle Kunst ist der Freude gewidmet, und es gibt keine höhere und keine ernsthaftere Aufgabe, als die Menschen zu beglücken. Die rechte Kunst ist nur diese, welche den höchsten Genuß verschafft. Der höchste Genuß aber ist die Freiheit des Gemüts in dem lebendigen Spiel aller seiner Kräfte...

Die wahre Kunst aber hat es nicht bloß auf ein vorübergehendes Spiel abgesehen; es ist ihr ernst damit, den Menschen nicht bloß in einen augenblicklichen Traum von Freiheit zu versetzen, sondern ihn wirklich und in der Tat frei zu machen und dieses dadurch, daß sie eine Kraft in ihm erweckt, übt und ausbildet, die sinnliche Welt, die sonst nur als ein roher Stoff auf uns lastet, als eine blinde Macht auf uns drückt, in eine objektive Ferne zu rücken, in ein freies Werk unseres Geistes zu verwandeln und das Materielle durch Ideen zu beherrschen...

Und eben darum, weil die wahre Kunst etwas Reeles und Objektives will, so kann sie sich nicht bloß mit dem Schein der Wahrheit begnügen; auf der Wahrheit selbst, auf dem festen und tiefen Grunde der Natur errichtet sie ihr ideales Gebäude.

Das Drama Kleists: Über die Klassik hinaus

Tragische Gebrochenheit

Das Drama Kleists, das Goethe wegen der ihm innewohnenden Elemente des Dionysischen, Unbedingten, Kompromißlosen und Tragischen ablehnte – Goethe war auf Konzilianz und Heilbarkeit bedacht –, überschreitet die Grenzen der Klassik: wie Kleists ,,Penthesilea" in keiner Weise im Sinne der Winckelmannschen edlen Einfalt und stillen Größe antik ist – man vergleiche, wie sehr etwa Goethes ,,Iphigenie" und Kleists ,,Penthesilea" auseinanderstreben –, ist dieses Drama Kleists ebenso wenig wie seine anderen klassisch zu nennen, etwa der einaktige ,,Zerbrochene Krug", den Goethe in drei Akte aufteilte, wodurch er dem Stück einen Mißerfolg auf der Bühne bereitete. Das im Sinne Winckelmanns unantike und im Sinn Goethes und Schillers unklassische Wogen der Gefühle, das Rauschhafte und Ekstatische, das sich bis ins Chaotische steigert und nicht die Harmonie, sondern die Radikalität des Daseins offenbart, bei dem es um „Alles oder Nichts" geht, die Abgerissenheit und Zerfetztheit der Sprache, rückt Kleist weit über seine Epoche hinaus in das Zeitalter unserer Moderne, die den Menschen in seiner Preisgegebenheit und existentiellen Ausweglosigkeit zur Schau stellt. „Bei Kleist wird kein Ideal verkündet, werden keine Ideen ausgetragen, wird nicht zwischen Pflicht und Neigung gebangt, wird nicht Schuld und Sühne gegeneinander abgewogen, sondern die Dialektik des Seins selbst zum Thema gemacht."

Die schrankenlose Ungehemmtheit und chaotische Zerrissenheit des Kleistschen Weltverständnisses spiegelt sich nicht zuletzt in der Sprache seiner Dramen wider. Als Beispiel für die Ruhelosigkeit und Gehetztheit der Kleistschen Dramensprache – man vergleiche damit die sanft und ruhig dahinfließenden Verse Goethes in seiner „Iphigenie" – wird der dritte Auftritt aus „Penthesilea", die erste Begegnung Penthesileas mit Achill im Kampfgetümmel, angeführt. Und im „Prinz von Homburg" wird nicht mehr die Erhabenheit und Größe des Menschen dargestellt, wie in den Dramen Goethes und Schillers, sondern (in der berühmten Szene III, 5) seine Zerknirschung, seine Angst und Todesfurcht, sein Anti-Heldentum. Kein „Klassiker" hätte eine solche Szene geschrieben. (Man vergleiche mit dieser Szene die Szenen V, 6-9 aus Schillers „Maria Stuart" und die Schlußszenen aus der „Braut von Messina".)

Das Drama Büchners, Grabbes und Hebbels

Büchner und Grabbe: Vorläufer der Moderne

Georg Büchner (1817-1837) und Christian Dietrich Grabbe (1801-1836) nehmen in ihrem schmalen, aber umso bedeutenderen Werk den realistisch-naturalistischen Dramentyp der Moderne voraus. Beide Dramatiker von höchster Begabung, die die offne Dramenform in episierend aneinandergereihten Szenen von intensiver Expressivität verwirklichen, beide umgetrieben in einem unsteten, mit sozial-revolutionären Antrieben befrachteten Wanderleben, werden beide, der Darmstädter Georg Büchner und der Detmolder Christian Dietrich Grabbe, nach einem kurzen, genialisch meteorhaft aufflammenden Dichterdasein frühzeitig dahingerafft.

Ist in den Dramen des Medizinstudenten Georg Büchner der Einfluß der deterministischen Naturwissenschaft seiner Zeit spürbar, die sich der Analyse der erniedrigten, leidenden, in einem Netz von milieubedingter Zwangsläufigkeit und gesellschaftlicher Ausweglosigkeit gefangenen Menschenkreatur widmet, so nimmt Grabbes Geschichtstheater die entheroisierende Auffassung der Geschichte unserer Zeit voraus, die weder Helden noch ihre Erlösung durch eine Idee, sondern nur das Wirken überindividueller Geschichtsmächte kennt, deren Werkzeug und Opfer der einzelne ist.

Beide Dichter bedienen sich einer szenischen Art der Darstellung, die im Gebrauch des Mimischen, Pantomimischen, Choreographischen und in der Expressivität der sprachlichen Struktur Elemente des Naturalismus und Expressionismus, der modernen Wirklichkeitsdarstellung des epischen wie des „absurden Theaters" vorwegnimmt.

Über Georg Büchner urteilt Gerhart Baumann folgendermaßen: „Büchner hat unsere Gegenwart in entscheidenden Zügen voraus entdeckt. Es gibt kaum ein Drama der Gegenwart, das nicht in irgendeiner Weise, bewußt oder unbewußt, Büchner verpflichtet bleibt. Gerhart Hauptmann und Frank Wedekind, Arthur Schnitzler und Bertolt Brecht, Eugene Ionesco und Samuel Beckett entfalten Möglichkeiten, die bei Büchner bereits angelegt sind: das Groteske wie das Absurde, Ironie und Parodie, das Überwirkliche und das Utopische. Büchner kannte den „gräßlichen Fatalismus" in den menschlichen Verhältnissen. Er sah, daß „der einzelne nur Schaum auf der Welle ist", die Größe ein bloßer Zufall, die Herrschaft des Genies ein „Puppenspiel", er erkannte den brutalen, seelenlosen Mechanismus, der den Menschen zum Automaten erniedrigt. Deshalb lautet die immer wiederkehrende Büchner-Frage: „Wer hat das Muß gesprochen, wer? Was ist das, was in uns hurt, lügt, stiehlt, mordet?" Büchner wurde der Dramatiker des ausgestoßenen Individuums, der vor- und übermenschlichen Mächte, des Kollektiven. Dem Triebhaften, Dumpfen gewinnt er Ausdruckskraft ab, voraussetzungslos vergegenwärtigt er die Pluralität des Heterogenen; die Sprache entbindet er weitgehend zur Ausdrucksenergie, eine Vielfalt von Vorgängen wird zu momentaner Ausdrucksdichte zusammengepreßt. Jeder Augenblick zeitigt ein Drama."[12])

---

[12]) Gerhart Baumann, Die Gegenwart Georg Büchners, Frankfurter Allgemeine Zeitung, Oktober 1963.

Und Wilhelm Steffens sagt über Christian Dietrich Grabbe: „Wo steht Grabbe? Ist er Reaktionär oder ist er Demokrat oder ist er Sozialist? Zum Unglück seiner persönlich-charakterlichen Umstände kommt, daß er nichts von alledem ist. An seiner Zeit leidend, bleibt er tief in sie verstrickt. Was er am heftigsten empfindet, ist Unbehagen. Die Krise des deutschen Idealismus ist auch die seine: er verliert die metaphysische Bindung. Sein zeitkritisches Sensorium ist fein genug, die politischen und geistesgeschichtlichen Zäsuren zu erkennen. Grabbe weiß sich und seine Zeit im Übergang. Er sieht die Wüste, das Chaos, das Abgeräumte, und angesichts der Leere fragt er nach dem Sinn. Grabbes Weltsicht, am Geschichtslauf orientiert, mündet in den subjektiven Pessimismus, der ihm eigen war. Zur thematischen Aktualität kommt die Affinität zum expressionistischen Weltgefühl und die Entsprechungen zur neuen Dramaturgie eines epischen Theaters."[13]

Georg Büchner: Über mein Drama (1835)

Der dramatische Dichter ist in meinen Augen nichts als ein Geschichtsschreiber, steht aber *über* letzterem dadurch, daß er uns die Geschichte zum zweiten Mal erschafft und uns gleich unmittelbar, statt eine trockene Erzählung zu geben, in das Leben einer Zeit hinein versetzt, uns statt Charakteristiken Charaktere und statt Beschreibungen Gestalten gibt. Seine höchste Aufgabe ist, der Geschichte, wie sie sich wirklich begeben, so nahe als möglich zu kommen. Sein Buch darf weder sittlicher noch unsittlicher sein als die Geschichte selbst; aber die Geschichte ist vom lieben Herrgott nicht zu einer Lektüre für junge Frauenzimmer geschaffen worden.

Der Dichter ist kein Lehrer der Moral, er erfindet und schafft Gestalten, er macht vergangene Zeiten wieder aufleben, und die Leute mögen dann daraus lernen, so gut wie aus dem Studium der Geschichte und der Beobachtung dessen, was im menschlichen Leben um sie herum vorgeht. Wenn man so wollte, dürfte man keine Geschichte studieren, weil sehr viele unmoralische Dinge darin erzählt werden, müßte mit verbundenen Augen über die Gasse gehen, weil man sonst Unanständigkeiten sehen könnte, und müßte über einen Gott Zeter schreien, der eine Welt erschaffen, worauf so viele Liederlichkeiten vorfallen. Wenn man mir übrigens

---

[13] Wilhelm Steffens, Grabbe, Dramatiker des Welttheaters 6821, Velber 1972, S. 19 ff.

noch sagen wollte, der Dichter müsse die Welt nicht zeigen, wie sie ist, sondern wie sie sein solle, so antworte ich, daß ich es nicht besser machen will als der liebe Gott, der die Welt gewiß gemacht hat, wie sie sein soll. Was noch die sogenannten Idealdichter anbetrifft, so finde ich, daß sie fast nichts als Marionetten mit himmelblauen Nasen und affektiertem Pathos, aber nicht Menschen von Fleisch und Blut gegeben haben, deren Leid und Freude mich mitempfinden macht und deren Tun und Handeln mir Abscheu oder Bewunderung einflößt. Mit einem Wort, ich halte viel auf Goethe oder Shakespeare, aber sehr wenig auf Schiller.

Christian Dietrich Grabbe: Prosa statt klassischer Verssprache! (1834)

Bezeichnend für das Drama der Klassik ist die Sprache des ,,hohen Stils''. Es ist eine wohlgefügte, klangvoll-harmonische Sprache, die sich durch eine besondere Klarheit und Ausgewogenheit auszeichnet. Die Personen der klassischen Dramen bedienen sich einer Verssprache (fünffüßiger Jamben), die in sich alle Dissonanzen auffängt und selbst chaotische Seelenregungen der Personen in das alles überspannende klassische Ordnungsgefüge einbringt. Für diese Verssprache des klassischen Dramas gilt, was Schiller über den Gebrauch des Chors in der Tragödie in seiner Vorrede zur ,,Braut von Messina'' (1803) sagt: sie soll ,,eine lebendige Mauer sein, die die Tragödie um sich herumzieht, um sich von der wirklichen Welt rein abzuschließen und sich ihren idealen Boden, ihre poetische Freiheit zu bewahren.''

Es ist kein Zufall, daß Goethe sein Drama ,,Iphigenie auf Tauris'' 1779 erst in Prosa konzipierte, dann aber unter dem Einfluß des Erlebnisses der klassischen Antike 1786 in Verse umschrieb. Genau den umgekehrten Weg geht Christian Dietrich Grabbe, der sein Hannibal-Drama in Jamben niederzuschreiben begann, sich aber dann aus folgenden Erwägungen heraus dazu entschloß, das Drama in Prosa zu gestalten. Am 17. und 18. Dezember 1834 schreibt er an Immermann: ,,Soll man ewig die alten Hosen tragen? Der Vers im Hannibal-Drama ist ein Zwitter, ich zerschlage ihn, wie neue rauhe Chausseesteine, und verwandle ihn in Prosa. Mein Kopf bekommt dadurch noch freieren Spielraum, überall sehe ich das Stück besser, moderierter und noch kräftiger werden, und – das ist der Grund –, acht' ich einmal auf die Versmaß-Autorität nicht, so kann ich ja am besten und bequemsten den Rhythmus, welchen ich bezwecke, in Prosa ausdrücken ... Auch wird mir nun leicht, manches Pompöse in einzelnen Redensarten, dadurch den Vers herbeigeschleppt, auszulassen und die Helden dem Herzen näherzubringen ..."

Grabbes Äußerung zeigt, wie sehr er sich von der metrischen Sprache des klassischen Dramas, von jeder Art von arrangierter sprachlicher Ausgeglichenheit, von jeder Stilisierung abwendet und einer freien, ungebundenen Sprachgestaltung zuwendet, die dem Sujet und der Struktur seines Dramas, vor allem aber Grabbes Wirklichkeitsrezeption und seiner Weltsicht angemessen erscheint.

Der Klassik teilweise noch zuzurechnen sind die klassizierenden Geschichtsdramen Franz Grillparzers (Sappho, Das goldene Vließ, Des Meeres und der Liebe Wellen; König Ottokars Glück und Ende, Ein Bruderzwist im Hause Habsburg, Die Jüdin von Toledo, Libussa) sowie die wundervollen Seelendramen und Geschlechtertragödien Friedrich Hebbels (Judith, Herodes und Mariamne, Gyges und sein Ring; Agnes Bernauer). Insbesondere Grillparzers ,,Sappho" und Hebbels ,,Gyges und sein Ring" nähern sich dem verinnerlichten, von Goethe geschaffenen Typ des Seelendramas und bezaubern durch die Schönheit ihrer sprachlichen Ausdruckskraft, durch ihre lyrisch getönte Versmelodie, durch ihre klangvolle Wortmusik. Hebbels Dramen gestalten Probleme des ,,Pantragismus", der Krisen zwischen Mensch und Staat, Mensch und Sittengesetz, Mensch und Weltordnung. Das Weltganze, die überindividuelle Ordnung muß sich, um sich zu erhalten, gegen das Individuum durchsetzen und es vernichten; nur so kann sich – darin liegt die ewige tragische Grundspannung – sein höheres Gesetz erfüllen. Alles menschliche Dasein ist dazu bestimmt, Opfer zu sein, und dem dialektischen Prozeß der Weltgeschichte anheimgegeben. Niemals gelangt menschliches Dasein zur Erfüllung seiner selbst, zur Vereinigung mit der reinen Idee, wie es im Drama der Klassik noch der Fall war. Über der Hebbelschen Welt gibt es keine erlösenden Götter mehr; das Göttliche selbst ist in sich problematisch, dialektisch geworden; es kann sich erst durch die fortgesetzte tragische Entzweiung in der Welt wiederfinden und muß in ihrem Leiden beständig neu geboren werden. Immer wieder zeigt Hebbels Drama, ,,wie das Individuum im Kampf zwischen seinem persönlichen und dem allgemeinen Weltwillen, der die Tat, den Ausdruck der Freiheit, immer durch die Begebenheit, den Ausdruck der Notwendigkeit, modifiziert und umgestaltet, seine Form und seinen Schwerpunkt gewinnt." (Hebbel, Mein Wort über das Drama, 1844).

Hebbel gestaltet nicht Ideen, sondern Individuen, deren Schicksal ihre besondere, unwandelbare Seelenanlage ist; in dem Motto zu seinem Drama „Gyges und sein Ring" sagt er:

> Einen Regenbogen, der minder grell, als die Sonne,
> Strahlt in gedämpftem Licht, spannte ich über das Bild;
> Aber er sollte nur funkeln und nimmer als Brücke dem Schicksal
> Dienen, denn dieses entsteigt einzig der menschlichen Brust.

Mit seinem Drama „Maria Magdalena" (1843) greift Hebbel über den klassizistischen Bereich hinaus: er begründet die Gattung der reinen bürgerlichen Tragödie, in der „das Tragische nicht aus dem Zusammenstoß der bürgerlichen Welt mit der vornehmen abgeleitet ist – wie etwa in Lessings ‚Emilia Galotti' oder in Schillers ‚Kabale und Liebe' –, sondern ganz einfach aus der bürgerlichen Welt selbst, aus ihrem zähen und in sich selbst begründeten Verharren auf patriarchalischen Anschauungen und ihrer Unfähigkeit, sich selbst in verwickelten Lagen zu helfen." Damit wird Hebbel ein Vorläufer der naturalistischen, sozialen Dramentheorie eines Ibsen und Gerhart Hauptmann.

Friedrich Hebbel: Mein Wort über das Drama (1844)

Das Drama stellt den Lebensprozeß an sich dar. Und zwar nicht bloß im Sinne, daß er uns das Leben in seiner ganzen Breite vorführt, was die epische Dichtung sich ja wohl auch zu tun erlaubt, sondern in dem Sinne, daß es uns das bedenkliche Verhältnis vergegenwärtigt, worin das aus dem ursprünglichen Nexus entlassene Individuum dem Ganzen, dessen Teil er trotz seiner unbegreiflichen Freiheit noch immer geblieben ist, gegenüber steht. Das Drama ist demnach, wie es sich für die höchste Kunstform schicken will, auf gleiche Weise ans Seiende, wie ans Werdende verwiesen: ans Seiende, indem es nicht müde werden darf, die ewige Wahrheit zu wiederholen, daß das Leben als Vereinzelung, die nicht Maß zu halten weiß, die Schuld nicht bloß zufällig erzeugt, sondern sie notwendig und wesentlich mit einschließt und bedingt; ans Werdende, indem es an immer neuen Stoffen, wie die wandelnde Zeit und ihr Niederschlag, die Geschichte, sie ihm entgegen bringt, darzutun hat, daß der Mensch, wie die Dinge um ihn her sich auch verändern mögen, seiner Natur und seinem Geschick nach ewig derselbe bleibt.

Gustav Freytag: Die Technik des Dramas (1863)

Der Inhalt eines Dramas ist immer ein Kampf mit starker Seelenbewegungen, welchen der Held gegen widerstrebende Gewalten führt. Es ist zunächst gleichgültig, auf welcher Seite der Kämpfenden die höhere Berechtigung liegt, ob Spieler oder Gegenspieler mehr von Sitte, Gesetz, Überlieferung ihrer Zeit und dem Ethos des Dichters enthalten; in beiden Parteien mag Gutes und Schlechtes, Kraft und Schwäche verschieden gemischt sein. Beide aber müssen einen allgemein verständlichen menschlichen Inhalt haben.

Durch die beiden Hälften der Handlung, welche in einem Punkt zusammenschließen, erhält das Drama – wenn man die Anordnung durch Linien verbildlicht, – einen pyramidalen Bau. Es steigt von der Einleitung mit dem Zutritt des erregenden Moments bis zu dem Höhepunkt und fällt von da bis zur Katastrophe. Zwischen diesen drei Teilen liegen die Teile der Steigerung und des Falles. Jeder dieser fünf Teile kann aus einer gegliederten Folge von Szenen bestehen, nur der Höhepunkt ist gewöhnlich in einer Hauptszene zusammengefaßt. Diese Teile des Dramas, a) Einleitung (Exposition), b) Steigerung (Erregendes Moment), c) Höhepunkt, d) Fall oder Umkehr (Retardierendes Moment), e) Katastrophe, haben jeder ein Besonderes in Zweck und Baurichtung.

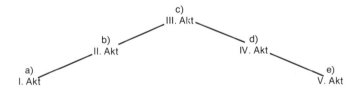

Das Drama des Naturalismus

Im Jahre 1885 erscheint Arno Holz' „Buch der Zeit", eine Sammlung sozialer Zweckgedichte. Holz nennt sich selber „des Zeitgeists Straßenkehrer". Eines seiner Gedichte lautet:

> Ihr Dach stieß fast bis an die Sterne,
> vom Hof her stampfte die Fabrik,
> es war 'ne richtige Mietskaserne
> mit Flur- und Leiermannsmusik.
> Im Keller nistete die Ratte,
> parterr(e) gab's Branntwein, Grog und Bier,
> und bis ins fünfte Stockwerk hatte
> das Vorstadtelend sein Quartier.

1889 erschien das im „Sekundenstil" verfaßte Buch „Papa Hamlet" von Arno Holz und Johannes Schlaf, das Szenen aus Berliner Mietshäusern, dem Studentenleben und niederem Künstlerdasein wiedergab, im gleichen Jahr erfolgte die Uraufführung von Gerhart Hauptmanns erstem Drama „Vor Sonnenaufgang". Der Naturalismus war geboren. Sein Schlagwort war: „Die Kunst hat die Tendenz, wieder Natur zu sein."

Der Naturalismus wollte die Wirklichkeit wiedergeben, so wie sie war: in erster Linie das Milieu, den durch Vererbung und Triebe bestimmten Menschen, seine gesellschaftliche Determiniertheit. Der Dramatiker ist ein Zustandsschilderer, die Sprache des Theaters ist von nun an die Sprache des Alltags, des Lebens. Im Mittelpunkt der dramatischen Handlung steht die gequälte Menschenkreatur, das soziale Elend. Der Naturalismus will Mitleid erwecken, die Welt verbessern, aber nicht erlösen.

Max Halbe, einer der naturalistischen Dramatiker, sagt: „Wenn wir ein Drama besitzen, das alle die zahllosen Kombinationen und Ausstrahlungen des modernen Lebens in seiner Sammellinse auffangen wird, als Schauplatz des Dramas eine Bühne, die sich allen technischen Anforderungen desselben gelenkig anschmiegt, und vor dieser Bühne ein Publikum, das die Wirklichkeit sehen will und auch ohne den betäubenden Tamtam der Aktschlüsse, der „dramatischen" Zuspitzung, der „Peripetie", kurz des ganzen Konventionalismus nicht einschläft – wenn alles das errungen sein wird, ist die dritte große Epoche der Dramatik heraufgezogen, vor der die früheren Entwicklungsstadien verbleichen werden wie die

Mysterienbühne des Mittelalters vor den Dramen Shakespeares und Calderons."

In den Dramen Gerhart Hauptmanns gelangte der Naturalismus zu seiner höchsten Vollendung, wuchs aber zugleich auch über sich selbst hinaus.

Egon Friedell: Über den Naturalismus

„Es war in seiner Art ein sehr großes Schauspiel, als aus einer ganzen Generation der Wille zur Freiheit und Wahrheit wie der Strahl einer glühenden Stichflamme einer heißen Heilquelle hervorschoß. Eine unbeschreibliche Atmosphäre von Zauber und Grauen ging von den naturalistischen Dramen aus: man hatte geradezu Angst vor ihnen. Man hatte ein Gefühl, wie wenn am hellichten Tage, mitten auf der Straße, Gespenster auf einen zuträten und einem die Hand böten. Gerade weil in diesen Dramen niemals etwas anderes vorkam als die alltäglichsten, oft gemeinsten Reden und Handlungen, wirkten sie so erschreckend und geheimnisvoll. An die Stelle der Kunst war das Leben getreten, das Leben in seiner ganzen Gefährlichkeit und Nähe: darin lag das Hinreißende des Naturalismus.

Ein Mysterium der Kunst schien enthüllt: sie hat die Wirklichkeit wiederzugeben, zu wiederholen, kalt, klar, nüchtern, objektiv wie ein gewissenhafter Photograph, sie hat nichts zu schildern als all das, was sich schon hundertmal ereignet hat und stündlich wieder ereignen kann. Arno Holz stellte damals die These auf: „Die Kunst hat die Tendenz, wieder Natur zu sein." Und hieraus erklärt sich vor allem, warum die Dichtungen der neunziger Jahre so erschütternd wirkten: sie verkündeten als erste einen neuen geistigen Gehalt; die umwälzenden technischen, sozialen, industriellen, politischen Phänomene, die zahlreichen Perspektiven, die die moderne Psychologie zutage gefördert hatte, traten hier zum erstenmal anschaulich zusammengeballt hervor."[14])

---

[14]) Egon Friedell, Kulturgeschichte der Neuzeit, München 1950.

Das Drama des Expressionismus

Als Gegenbewegung gegen das naturalistische Drama entstand Anfang des 20. Jahrhunderts das Drama des Expressionismus. Man forderte nicht mehr: „Die Kunst hat die Tendenz, wieder die Natur zu sein", sondern: „Die Kunst hat die Tendenz, wider die Natur zu sein." Der Künstler soll nicht mehr nur ein Photograph der Wirklichkeit sein, sondern Gestalter einer neuen, geistigen Wirklichkeit, der Verinnerlichung, der Seele, des „neuen Menschen". Führende Dramatiker des Expressionismus waren Reinhard Johannes Sorge, Ernst Toller, Franz Werfel und vor allem Georg Kaiser. Die knappen Bilder, grellen Dialoge, irrealen symbolischen Vorgänge, namenlosen Typen kennzeichnen die um Schuld und Erlösung ringende, in Selbsterniedrigung oder hysterischer Übersteigerung schwelgende Dramatik dieser Epoche.

Hermann Bahr: Expressionismus (1916)

„Darum geht es: daß der Mensch sich wiederfinden will. Kann wohl der Mensch dazu bestimmt sein, über irgendeinen Zweck sich selbst zu versäumen? hat Schiller gefragt. Dem Menschen dies wider seine Natur aufzudrängen ist der unmenschliche Versuch unserer Zeit. Sie macht ihn zum bloßen Instrument, er ist ein Werkzeug seines eigenen Werkes geworden, er hat keinen Sinn mehr, seit er nur noch der Maschine dient. Sie hat ihm die Seele weggenommen. Und jetzt will ihre Seele wieder haben. Darum geht es. Alles, was wir erleben, ist nur dieser ungeheure Kampf um den Menschen, Kampf der Seele mit der Maschine. Wir leben ja nicht mehr, wir werden nur noch gelebt. Wir haben keine Freiheit mehr, wir dürfen uns nicht mehr entscheiden, wir sind dahin, der Mensch ist entseelt, die Natur ist entmenscht. Eben rühmten wir uns noch ihren Herrn und Meister, da hat uns ihr Rachen verschlungen. Wenn nicht ein Wunder geschieht! Darum geht es: ob durch ein Wunder der entseelte, versunkene, begrabene Mensch wieder auferstehen wird.

Niemals war eine Zeit von solchem Entsetzen geschüttelt, von solchem Todesgrauen. Niemals war die Welt so grabesstumm. Niemals war der Mensch so klein. Niemals war ihm so bang. Niemals war Freude so fern und Freiheit so tot. Da schreit die Not jetzt auf: der Mensch schreit nach seiner Seele, die ganze Zeit wird ein einziger Notschrei. Auch die Kunst schreit mit, in die tiefe Finsternis hinein, sie schreit um Hilfe, sie schreit nach dem Geist: das ist der Expressionismus."[15]

Das Epische Theater

Der Theoretiker und zugleich bedeutendste Autor des modernen epischen Theaters ist Bertolt Brecht (1898-1956). Er nennt es episch, weil es mit epischen Elementen durchsetzt ist, den Szeneninhalt mit Hilfe von Titeln, Tafeln, Projektionen, Ansagen und Kommentaren kurzgefaßt vorweg dem Zuschauer bekannt macht, damit er mit dem Ablauf des Geschehens so sehr vertraut ist, daß er durch dieses nicht mehr überrascht, emotional beeinflußt und mitgerissen werden soll, sondern in die Lage versetzt werden soll, sich vernünftig und kritisch mit ihm auseinanderzusetzen. Er soll sich nicht mit der von dem Schauspieler dargestellten Figur identifizieren, sondern den Darsteller der Figur aus der Distanz betrachten und aus seiner Darstellung etwas für seine eigene Verhaltensweise lernen. Insofern ist Brechts Theater ein Lehrtheater. Dies wird umso eher der Fall sein, je mehr die Darstellung der Figur oder der Szenenablauf verfremdet werden, d. h. dem Zuschauer in einem neuen, ihm ungewohnten Aspekt vorgeführt werden.

Brecht sagt: „Das Theater im wissenschaftlichen Zeitalter vermag die Dialektik zum Genuß zu machen ... Die Bühne soll erzählen ... Das epische Theater ist hauptsächlich interessiert an dem Verhalten der Menschen zueinander, wo es sozialhistorisch bedeutend (typisch) ist. Es arbeitet Szenen heraus, in denen Menschen sich so verhalten, daß die sozialen Gesetze, unter denen sie stehen, sichtbar werden. Dabei müssen praktikable Definitionen gefunden werden, durch deren Benutzung in diese Prozesse eingegriffen werden kann ... Eine verfremdende Abbildung eines Geschehens oder einer Figur ist eine solche, die den Gegenstand zwar erkennen, ihn aber doch zugleich fremd erscheinen läßt. Die Haltung, die dadurch entsteht, ist eine kritische."

---

[15] Hermann Bahr, Expressionismus, München 1916.

Die Akzentverschiebung vom dramatischen zum epischen Theater hat Brecht in einem Schema folgendermaßen verdeutlicht:

Das Schema Bertolt Brechts

Dramatische Form des Theaters	*Epische Form des Theaters*
Die Bühne „verkörpert" einen Vorgang	sie erzählt ihn
verwickelt den Zuschauer in eine Aktion	macht ihn zum Betrachter,
verbraucht seine Aktivität	weckt seine Aktivität
ermöglicht ihm Gefühle	erzwingt von ihm Entscheidungen
vermittelt ihm Erlebnisse	vermittelt ihm Kenntnisse
der Zuschauer wird in eine Handlung hineinversetzt	er wird ihr gegenübergesetzt
es wird mit Suggestion gearbeitet	es wird mit Argumenten gearbeitet
die Empfindungen werden konserviert	bis zu Erkenntnissen getrieben
der Mensch wird als bekannt vorausgesetzt	der Mensch ist Gegenstand der Untersuchung
der unveränderliche Mensch	der veränderliche und verändernde Mensch
Spannung auf den Ausgang	Spannung auf den Gang
eine Szene für die andere	jede Szene für sich
die Geschehnisse verlaufen linear	in Kurven
natura non facit saltus	facit saltus
die Welt, wie sie ist	die Welt, wie sie wird
was der Mensch soll	was der Mensch muß
seine Triebe	seine Beweggründe
das Denken bestimmt das Sein	das gesellschaftliche Sein bestimmt das Denken

Der Zuschauer des dramatischen Theaters sagt: Ja, das habe ich auch schon gefühlt. – So bin ich. – Das ist nur natürlich. – Das wird immer so sein. – Das Leid dieses Menschen erschüttert mich, weil es keinen Ausweg für ihn gibt. – Das ist große Kunst: da ist alles selbstverständlich. – Ich weine mit den Weinenden, ich lache mit den Lachenden.

Der Zuschauer des epischen Theaters sagt: Das hätte ich nicht gedacht. – So darf man es nicht machen. – Das ist höchst auffällig, fast nicht zu glauben. – Das muß aufhören. – Das Leid dieses Menschen erschüttert mich, weil es doch einen Ausweg für ihn gäbe. – Das ist große Kunst: da ist nichts selbstverständlich. – Ich lache über den Weinenden, ich weine über den Lachenden.

Das Lehrtheater

Die Bühne begann, lehrhaft zu wirken.

Das Öl, die Inflation, der Krieg, die sozialen Kämpfe, die Familie, die Religion, der Weizen, der Schlachtviehhandel wurden Gegenstände theatralischer Darstellung. Chöre klärten den Zuschauer über ihm unbekannte Sachverhalte auf.

Bertolt Brecht: Über experimentelles Theater (1939)

Die Einfühlung ist das große Kunstmittel einer Epoche, in der der Mensch die Variable, seine Umwelt die Konstante ist. Einfühlen kann man sich nur in den Menschen, der seines Schicksals Sterne in der eigenen Brust trägt, ungleich uns.

Es ist nicht schwer, einzusehen, daß das Aufgeben der Einfühlung für das Theater eine riesige Entscheidung, vielleicht das größte aller denkbaren Experimente bedeuten würde.

Die Menschen gehen ins Theater, um mitgerissen, gebannt, beeindruckt, erhoben, entsetzt, ergriffen, gespannt, befreit, zerstreut, erlöst, in Schwung gebracht, aus ihrer eigenen Zeit entführt, mit Illusionen versehen zu werden. All dies ist so selbstverständlich, daß die Kunst geradezu damit definiert wird, daß sie befreit, mitreißt, erhebt und so weiter. Sie ist gar keine Kunst, wenn sie das nicht tut.

Die Frage lautet also: Ist Kunstgenuß überhaupt möglich ohne Einfühlung oder jedenfalls auf einer andern Basis als der Einfühlung?

Was konnte eine solche neue Basis abgeben?

Was konnte an die Stelle von *Furcht und Mitleid* gesetzt werden, des klassischen Zwiegespanns zur Herbeiführung der aristotelischen Katharsis? Wenn man auf die Hypnose verzichtete, an was konnte man appellieren? Welche Haltung sollte der Zuhörer einnehmen in den neuen Theatern, wenn ihm die traumbefangene, passive, in das Schicksal ergebene Haltung verwehrt wurde? Er sollte nicht mehr aus seiner Welt in die Welt der Kunst entführt, nicht mehr gekidnappt werden; im Gegenteil sollte er in seine reale Welt eingeführt werden, mit wachen Sinnen. War es möglich, etwa anstelle der Furcht vor dem Schicksal die Wissensbegierde zu setzen, anstelle des Mitleids die Hilfsbereitschaft? Konnte man damit einen neuen Kontakt schaffen zwischen Bühne und Zuschauer, konnte das eine neue Basis für den Kunstgenuß abgeben?

Ich kann die neue Technik des Dramenbaus, des Bühnenbaus und der Schauspielweise, mit der wir Versuche anstellten, hier nicht beschreiben. Das Prinzip besteht darin, anstelle der Einfühlung die *Verfremdung* herbeizuführen.

Was ist Verfremdung?

Einen Vorgang oder einen Charakter verfremden heißt zunächst einfach, dem Vorgang oder dem Charakter das Selbstverständliche, Bekannte, Einleuchtende zu nehmen und über ihn Staunen und Neugierde zu erzeugen. Nehmen wir den Zorn des Lear über die Undankbarkeit seiner Töchter. Vermittels der Einfühlungstechnik kann der Schauspieler diesen Zorn so darstellen, daß der Zuschauer ihn für die natürlichste Sache der Welt ansieht, daß er sich gar nicht vorstellen kann, wie Lear nicht zornig werden könnte, daß er mit Lear völlig solidarisch ist, ganz und gar mit ihm mitfühlt, selbst in Zorn verfällt. Vermittels der Verfremdungstechnik hingegen stellt der Schauspieler diesen Learschen Zorn so dar, daß der Zuschauer über ihn staunen kann, daß er sich noch andere Reaktionen des Lear vorstellen kann als gerade die des Zorns. Die Haltung des Lear wird verfremdet, das heißt, sie wird als eigentümlich, auffallend, bemerkenswert dargestellt, als gesellschaftliches Phänomen, das nicht selbstverständlich ist. Dieser Zorn ist menschlich, aber nicht allgemein menschlich, es gibt Menschen, die ihn nicht empfänden. Nicht bei allen Menschen und nicht zu allen Zeiten müssen die Erfahrungen, die Lear macht, Zorn auslösen. Zorn mag eine ewig mögliche Reaktion der Menschen sein, aber dieser Zorn, der Zorn, der sich so äußert und seine solche Ursache hat, ist zeitgebunden. Verfremden heißt also Historisieren, heißt Vorgänge und Personen als historisch, also als vergänglich geschehen, auch ihre Handlung können als zeitgebunden, historisch, vergänglich dargestellt werden.

Was ist damit gewonnen? Damit ist gewonnen, daß der Zuschauer die Menschen auf der Bühne nicht mehr als ganz unänderbare, unbeeinflußbare, ihrem Schicksal hilflos ausgelieferte dargestellt sieht. Er sieht: dieser Mensch ist so und so, weil die Verhältnisse so und so sind. Und die Verhältnisse sind so und so, weil der Mensch so und so ist. Er ist aber nicht nur so vorstellbar, wie er ist, sondern auch anders, so wie er sein könnte, und auch die Verhältnisse sind anders vorstellbar, als sie sind. Damit ist gewonnen, daß der Zuschauer im Theater eine neue Haltung bekommt. Er bekommt den Abbildern der Menschenwelt auf der Bühne gegenüber jetzt dieselbe Haltung, die er als Mensch dieses Jahrhunderts der Natur gegenüber hat. Er wird auch im Theater empfangen als der große Änderer, der in die Naturprozesse und die gesellschaftlichen Prozesse einzugreifen vermag, der die Welt nicht mehr nur hinnimmt, sondern sie meistert. Das Theater versucht nicht mehr, ihn besoffen zu machen, ihn mit Illusionen auszustatten, ihn die Welt vergessen zu machen, ihn mit seinem Schicksal auszusöhnen. Das Theater legt ihm nunmehr die Welt vor zum Zugriff.[16])

Brechts Theorie des Dramas

Nach Bertolt Brecht ist das Zeitalter der aristotelischen Dramaturgie zu Ende. Sie war die berechtigte Grundlage des Theaters einer historischen Epoche und hatte aus deren Bedingungen ihre Berechtigung. Sie kann aber nicht beliebig auf jedes Zeitalter und schon gar nicht auf unsere, das Brecht das „wissenschaftliche Zeitalter" nennt, angewandt werden. Die Ästhetik des aristotelischen Theaters ist „das Erbstück einer depravierten (sittlich entarteten) und parasitär gewordenen Klasse". Zwar hat das Theater nach wie vor die Aufgabe, „die Leute zu unterhalten". Brecht ist nach dem „kleinen Organon für das Theater" der Meinung, man solle das Theater „keineswegs in einen höheren Stand erheben, wenn man es z. B. zu einem Markt der Moral machte; es müßte dann eher zusehen, daß es nicht gerade erniedrigt würde, was sofort geschähe, wenn man es nicht

---

[16]) Bertolt Brecht, Gesammelte Werke, Bd. 15, S. 300 ff.

mit den Sinnen vergnüglich machte – wovon das Moralische allerdings nur gewinnen kann. Nicht einmal zu lehren sollte ihm zugemutet werden, jedenfalls nicht Nützliches, als wie man sich genußvoll bewegt, in körperlicher und geistiger Hinsicht. Das Theater muß nämlich durchaus etwas Überflüssiges bleiben dürfen, was freilich dann bedeutet, daß man für den Überfluß lebt".

Die Katharsis des Aristoteles, „die Reinigung von Furcht und Mitleid ist eine Waschung, die nicht in vergnüglicher Weise, sondern recht eigentlich zum Zwecke des Vergnügens veranstaltet wurde". Das kann aber nur für die Alten gelten. Es galt, weil die auf der Bühne dargestellte Welt, ihre Religiosität und der aus ihr resultierende soziale Ordnungsbegriff, auch die geistige und soziale Wirklichkeit des Publikums war. Unser Zeitalter aber weiß nichts von einer kultisch-religiösen Gebundenheit. An Stelle der religiösen oder ästhetischen Realität ist eine gesellschaftliche getreten. Das dramatische Theater spielt noch mit einem ewig gültigen und für jedermann verbindlichen Sittengesetz, das vor Göttern und Menschen da war, und mit einem ausweglosen Schicksal, das der Vollzug dieses Sittengesetzes ist. Es ist eine geistige Haltung, die nur durch das Sieb einer historisierenden, kultur- und geistesgeschichtlich orientierten Betrachtungsweise aufgenommen werden kann. Theater ist zwar noch Vergnügen, aber auch Bildungsangelegenheit. Es hat keine Beziehung zur Gegenwart, zur Umwelt, zu den sozialen Zuständen des Publikums, von dem vernünftigerweise niemand mehr an die Götter oder an das unabwendbare Schicksal glaubt. Das Publikum aber läßt sich gefangennehmen und sagt etwa: „Ja, das habe auch ich schon gefühlt. So bin ich. Das ist nur natürlich. Das wird immer so sein. Das Leid dieses Menschen erschüttert mich, weil es keinen Ausweg gibt. Das ist große Kunst, da ist alles selbstverständlich."

Das dramatische Theater ist „Illusionstheater". Das epische Theater dagegen kehrt die Funktion um. Sein Zuschauer soll zum Gegenspieler des Darstellers auf der Bühne werden. Die scheinbare vierte Wand, die Bühne und Zuschauerraum trennt, wird gewissermaßen aufgehoben. Der Zuschauer wird sich nicht bedingungslos und ohne kritische Einstellung dem Bühnengeschehen unterordnen, sondern sagen: „Das hätte ich nicht gedacht. – So darf man es nicht machen. – Das ist höchst auffällig, fast nicht zu glauben. – Das muß aufhören. – Das Leid dieses Menschen erschüttert mich, weil es doch einen Ausweg geben muß. – Das ist große Kunst, das ist nichts selbstverständlich. Ich lache über die Weinenden, und ich weine über die Lachenden", (Schriften zum Theater, S. 63 f.).

Es gibt für Brecht keinen schlechteren Schauspieler als den, der völlig mit seiner Rolle eins wird. Bei ihm sind Drama und Regie verfehlt. Der Schauspieler soll natürlich das Publikum unterhalten, er hat darüber hinaus aber auch eine lehrende Funktion. Er lehrt aber nicht nur durch Worte, sondern auch durch das anregende und gemeinhin auch amüsante Beispiel, das er dem nachdenklich und kritisch zu machenden Zuschauer vorführt. Diese doppelte künstlerische und lehrende Funktion aber kann er nur dann restlos ausfüllen, wenn er „über der Rolle" steht, wenn er nicht nur spielt, sondern auch demonstriert. Er kommentiert mimisch und erzählt kritisch, ohne die lehrhafte Absicht fühlbar werden zu lassen, und erzieht damit den Zuschauer zu seinem Partner, indem er ihm eine intellektuelle Überlegenheit über das „Gezeigte", über das auf der Bühne illustrierte Stück Leben suggeriert. Der soziale Moralismus des epischen Theaters, der „im Namen der Geschädigten" spricht, bindet sich an eine typisierte historische und zeitgenössische Situation und „wechselt die mythische und symbolische Universalität des klassischen Dramas gegen die aktuelle Totalität des Gesellschaftsproblems aus".

Das Dokumentartheater

Vom epischen Theater Bertolt Brechts und dessen Abart, dem Lehrtheater, ist es nur ein Schritt zum Dokumentartheater. Peter Weiss charakterisiert es in seinen „Notizen zum dokumentarischen Theater" (1968) so:

„Das dokumentarische Theater ist ein Theater der Berichterstattung. Protokolle, Akten, Briefe, statistische Tabellen, Börsenmeldungen, Abschlußberichte von Bankunternehmen und Industriegesellschaften, Regierungserklärungen, Ansprachen, Interviews, Äußerungen bekannter Persönlichkeiten, Zeitungs- und Rundfunkreportagen, Fotos, Journalfilme und andere Zeugnisse der Gegenwart bilden die Grundlage der Aufführung. Das dokumentarische Theater enthält sich jeder Erfindung, es übernimmt authentisches Material und gibt dies, im Inhalt unverändert, in der Form bearbeitet, von der Bühne aus wieder. Im Unterschied zum ungeordneten Charakter des Nachrichtenmaterials, das täglich von allen Seiten auf uns eindringt, wird auf der Bühne eine Auswahl gezeigt, die sich auf ein bestimmtes, zumeist soziales oder politisches Thema konzentriert. Diese kritische Auswahl, und das Prinzip, nach dem die Ausschnitte der Realität montiert werden, ergeben die Qualität der dokumentarischen Dramatik.

Das dokumentarische Theater ist Bestandteil des öffentlichen Lebens, wie es uns durch die Massenmedien nahegebracht wird. Die Arbeit des dokumentarischen Theaters wird hierbei durch eine Kritik verschiedener Grade bestimmt.

a) Kritik an der Verschleierung. Werden die Meldungen in Presse, Rundfunk und Fernsehen nach Gesichtspunkten dominierender Interessengruppen gelenkt? Was wird uns vorenthalten? Wem dienen die Ausschließungen? Welchen Kreisen gelangt es zum Vorteil, wenn bestimmte soziale Erscheinungen vertuscht, modifiziert, idealisiert werden?

b) Kritik an Wirklichkeitsfälschungen. Warum wird eine historische Person, eine Periode oder Epoche aus dem Bewußtsein gestrichen? Wer stärkt seine eigene Position durch die Eliminierung historischer Fakten? Wer zieht Gewinn aus einer bewußten Verunstaltung einschneidender und bedeutungsvoller Vorgänge? Welche Schichten in der Gesellschaft ist am Verbergen der Vergangenheit gelegen? Wie äußern sich die Fälschungen, die betrieben werden? Wie werden Sie aufgenommen?

c) Kritik an Lügen. Welches sind die Auswirkungen eines geschichtlichen Betrugs? Wie zeigt sich eine gegenwärtige Situation, die auf Lügen aufgebaut ist? Mit welchen Schwierigkeiten muß bei der Wahrheitsfindung gerechnet werden? Welche einflußreichen Organe, welche Machtgruppen werden alles tun, um die Kenntnis der Wahrheit zu verhindern?

Einige andere Beispiele zur formalen Verarbeitung des dokumentarischen Materials:

a) Meldungen, und Teile von Meldungen, in zeitlich genau bemessenen Abschnitten rhythmisch geordnet. Kurze Momente, nur aus einer Tatsache, einem Ausruf bestehend, werden abgelöst durch längere, kompliziertere Einheiten. Auf ein Zitat folgt die Darstellung einer Situation. In schnellem Bruch verändert sich die Situation zu einer anderen, gegensätzlichen. Einzelsprecher stehen einer Mehrzahl von Sprechern gegenüber. Die Komposition besteht aus antithetischen Stücken, aus Reihen gleichartiger Beispiele, aus kontrastierenden Formen, aus wechselnden Größenverhältnissen, Variationen eines Themas. Steigerung eines Verlaufes. Einfügung von Störungen, Dissonanzen.

b) Das Faktenmaterial sprachlich bearbeitet. In den Zitaten wird das Typische hervorgehoben. Figuren werden karikiert, Situationen drastisch vereinfacht. Referate, Kommentare, Zusammenfassungen werden von Songs übernommen. Einführung von Chor und Pantomime. Gestisches Ausspielen der Handlung, Parodien, Benutzung von Masken und dekorativen Attributen. Instrumentalbegleitung. Geräuscheffekte.

c) Unterbrechungen in der Berichterstattung. Einblendung einer Reflexion, eines Monologs, eines Traums, eines Rückblicks, eines widersprüchlichen Verhaltens. Die Brüche im Handlungsverlauf, die Unsicherheit erzeugen, die von der Wirkung eines Schocks sein können, zeigen, wie ein einzelner oder eine Gruppe von den Ereignissen getroffen wird. Schilderung innerer Realität als Antwort auf äußere Vorgänge. Doch sollen solche heftigen Verschiebungen nicht Verwirrung herbeiführen, sondern aufmerksam machen auf die Vielschichtigkeit des Ereignisses, die verwendeten Mittel nie Selbstzweck, sondern belegbare Erfahrung sein.

d) Auflösung der Struktur. Kein berechneter Rhythmus, sondern Rohmaterial, kompakt oder in ungebundenem Strom, bei der Darstellung von sozialen Kämpfen, bei der Schilderung einer revolutionären Situation, der Berichterstattung von einem Kriegsschauplatz. Vermittlung der Gewaltsamkeit im Zusammenstoß der Kräfte. Doch auch hier darf der Aufruhr auf der Bühne, der Ausdruck von Schrecken und Empörung, nicht unerklärt und ungelöst bleiben. Je bedrängender das Material ist, desto notwendiger ist das Erreichen eines Überblicks, einer Synthese."[17])

Die Tragikomödie

Friedrich Dürrenmatts und Max Frischs

Dürrenmatts Welttheater

Dürrenmatts Welttheater ist nicht mehr die fromme und erbauliche Allegorie der Schöpfungsordnung von einst, ebensowenig wie die reine Tragödie der klassischen Zeiten möglich ist. Es zeigt eine Welt des Chaos, gro-

---

[17]) Peter Weiss, Notizen zum dokumentarischen Theater, 1968.

tesk und grausam, rätselhaft und verwirrend. Die Spielregeln einer geordneten Bühne werden mit allen modernen Experimenten zersetzt, das Sublime wird vermischt mit Maßlosigkeit, mit allen tiefsinnigen und auch wieder billigen Witzen des momentanen Einfalls. Das Schauspiel einer amorphen Welt kann nach Dürrenmatts Überzeugung nur noch als parodistische Komödie, als Groteske und Farce Gestalt gewinnen. Es ist seine Aufgabe, das Absurde zu umfassen. ,,Wir haben uns vor allem klar darüber zu werden, daß wir am Absurden, welches sich notwendigerweise immer deutlicher und mächtiger zeigt, nur dann nicht scheitern und uns einigermaßen wohnlich auf dieser Erde einrichten werden, wenn wir es demütig in unser Denken einkalkulieren. Unser Verstand erhellt die Welt nur notdürftig. In der Zwielichtzone seiner Grenze siedelt sich alles Paradoxe an", sagt Dürrenmatt.

Komödien dieser Art können allerdings keine Heiterkeit bringen, sie sind, auf einem in die Endzeit getretenen Welttheater, bedrohlich und makaber geworden. Die einst so strahlende Frau Welt des Mittelalters erscheint in der grotesken Gestalt der alten Dame, die Milliardärin und Rüstungsindustriellen, die nicht mehr durch ihre Reize, sondern durch ihr Geld die menschliche Gesellschaft korrumpiert und den Reigen der einzelnen Figuren in das ihnen bestimmte Schicksal führt...

Ein Welttheater zum Lob Gottes und vor dem Angesicht Gottes, auch wenn dieses Angesicht völlig verhüllt bleibt. Dürrenmatt schreibt wie er sagt, aus einem immanenten Vertrauen zur Bühne, zum Schauspieler heraus: es ist seine überwältigende Positivität, daß er damit im Grunde auch aus dem Vertrauen zum Welttheater, das auch noch die absurdesten Sprünge erträgt, heraus schreibt. Wie weit liegt hier die Bühne als moralische Anstalt zurück, wie weit auch der ästhetische Jugendstil von Hofmannsthals ,,Jedermann" und ,,Großem Welttheater"! Es ist, wie wenn sich hier spontan eine älteste Form des Theaters aus jüngsten krisenhaften Zuständen heraus erhebe. Gewiß sei die Gefahr nicht verkannt, die einem Welttheater solch endzeitlicher Groteske droht: die Gefahr, zwischen Tiefsinn und Kabarett hängen zu bleiben. Aber sie scheint der Preis zu sein, den das Unternehmen Dürrenmatts notwenig zu zahlen hat.[18])

---

[18]) Max Wehrli, Gegenwartsdichtung der deutschen Schweiz in: W. Kayser, Deutsche Literatur in unserer Zeit, 1959.

„Uns kommt nur noch die Komödie bei"

„Uns kommt nur noch die Komödie bei. Die Tragödie setzt Schuld, Not, Maß, Übersicht und Verantwortung voraus." Das sind Voraussetzungen, die nach Dürrenmatts Meinung (in „Theaterprobleme") nicht mehr gegeben sind. Die Menschen sind derart in einem Kollektiv gefangen, daß sie keine Verantwortlichen und deshalb auch keine Schuldigen mehr sein können, „denn Schuld gibt es nur noch als persönliche Leistung, als religiöse Tat". Wie aber soll persönliche Leistung denen möglich sein, die nur noch Kollektivwesen sind? Unsere kollektive Schuld ist deshalb nur als „unser Pech" anzusprechen. Wenn also Schuld und Verantwortung als konstitutive Größe der Tragödie aufgefaßt werden, kann es keine Tragödie mehr geben, sondern nur noch die Komödie.

Nun nennt Dürrenmatt aber sein Drama „Der Besuch der alten Dame" eine „tragische Komödie". Das heißt also, es muß doch noch das Tragische möglich sein, wenn auch nicht mehr in der reinen Form der Tragödie. Dürrenmatt sagt das in den „Theaterproblemen" ausdrücklich. Er will „das Tragische aus der Komödie heraus erzielen, als einen schrecklichen Moment, als einen sich öffnenden Abgrund ..."

Die tragische Komödie ist die dramatische Form des Grotesken. Die tragische Komödie als die dramatische Form des Grotesken gestaltet das Absurde. In der grotesken Gestalt der Tragikomödie wird das Absurde allbeherrschend. Es hebt die Weltordnung auf, und so erscheint die Welt „als ein Ungeheures, als ein Rätsel von Unheil".

Begibt man sich auf den Boden der Dürrenmattschen Dramaturgie, so ist das Miteinander von Groteske und Sinngebung von unheilbarer und heilbarer Welt kein Stilbruch, sondern sinnvolle Ergänzung. Dürrenmatt entläßt den Zuschauer in der ratlosen Beklommenheit des Menschen, dem der feste Boden unter den Füßen weggezogen wurde – aber dennoch auch mit der Hoffnung, dem „Rätsel an Unheil" begegnen zu können: mit der Kraft des „mutigen Menschen", der das Chaos überwindet in „persönlicher Leistung", in „religiöser Tat".[19])

---

[19]) Paul Josef Breuer, Friedrich Dürrenmatt, Der Besuch der alten Dame. In: Kurt Bräutigam, Europäische Komödien, Frankfurt a. M. 1964.

Max Frischs „Chinesische Mauer" – eine Farce

Das Bühnenwerk „Die chinesische Mauer" ist von Max Frisch als eine Farce bezeichnet worden. Unter einer Farce (französisch = Füllsel, von lateinisch farcire = stopfen) verstand man ursprünglich eine Einlage derbkomischen Charakters in mittelalterlichen Spielen, dann eigenständige kurze, possenhafte Spiele zur Verspottung menschlicher Schwächen und Torheiten; als Gattung beliebt in Frankreich und Spanien im 15. und 16. Jahrhundert; in Deutschland als Literatursatire übernommen von den Stürmern und Drängern, vom jungen Goethe („Götter, Helden und Wieland") und den Romantikern. Dabei verstärkte sich der gesellschaftskritische und polemische Einschlag der ehemals nur der geistvollen Unterhaltung und parodistischen Tendenz dienenden Spiele.

Es ist aber ein Stück „totales" Theater, was hier zur Schau kommt, wenn wir es von der Fülle der Erscheinungen und Wirkungen her betrachten, die es, entsprechend aufgeführt, an den Zuschauer heranträgt. Maskenzug, Pantomime, Tänzerisches – alles ist vorhanden.

Man hat von den Bildern der „Chinesischen Mauer" als von einer Gegenwirklichkeit gesprochen, die – nicht zuletzt durch das Mittel der Verfremdung, das Frisch mit Brecht verwandt macht – eine letzte Beschwörung werden sollte, die Menschheit vor den Folgen eines möglichen Atomkrieges zu warnen. Es ist eine großartige Allegorie, in der alle Raum- und Zeitordnungen endgültig über Bord geworfen werden, um der Idee des zeitdurchleuchtenden Dichters, der hier fast seherisch wird, zu dienen: am Beispiel mächtiger Diktaturen, wie der des Hwang Ti, des Erbauers der Chinesischen Mauer, durch welche der Kaiser glaubte, „die Zeit aufhalten zu können", was sich jedoch als Irrtum erwies; durch Herrschergestalten wie Cäsar, Philipp II. oder Napoleon werden die Gefahren aufgezeigt, die der Menschheit durch diejenigen drohen, deren oberstes Wirkungsprinzip die Macht ist. Es ist ein „totales" Schauspiel insofern, als es an szenischen und technischen Mitteln alles einbezieht, um in einem revuehaft vorbeiziehenden Universum die vom Dichter entdeckte Wahrheit um so deutlicher zu machen ...

Der „Heutige", aus dem der Dichter selbst spricht, kann nur mit den Mitteln seines Intellekts gegen die Allgewalt Hwang Tis protestieren, und zwar, indem er sich mit der Narrenkappe verfremdet. Den Vertretern der Macht absolut unterlegen, ist er dennoch der eigentlich Wissende, der aus dem Gang der Weltgeschichte gelernt hat und nicht müde wird, den Großen und Mächtigen den Spiegel ihrer Taten vorzuhalten, an deren Berechtigung sie immer noch nicht zweifeln wollen.[20])

Das Theater des Absurden

Was ist absurdes Theater?

Wegbereiter des absurden Theaters sind die karikaturistischen Stücke von Alfred Jarry und Antonin Artaud; seine Protagonisten sind Samuel Beckett, Arthur Adamov, Eugène Ionesco, Jean Genet und einige andere; ausgewirkt hat es sich auf die gesamte dramatische Produktion des späten zwanzigsten Jahrhunderts, also auch auf Jean Tardieu, Dino Buzzati, Fernando Arrabal, Max Frisch, Friedrich Dürrenmatt, Wolfgang Hildesheimer, Günter Grass, Robert Pinget, Harold Pinter, Edward Albee und Edward Bond.

Seine charakteristischen Merkmale können wir an dieser Stelle nur in Form von Stichworten aufzählen, ohne einen Anspruch auf Vollständigkeit zu erheben; eine ausführliche zusammenhängende Darstellung würde zu weit führen.

Wesentliche Hauptkennzeichen sind folgende:

1. Voraussetzung des absurden Theaters ist eine als „absurd" erkannte Welt.
2. Es wird keine geschlossene gegenständliche Welt dargestellt, kein logisch fortschreitendes Geschehen.
3. Statt eines Geschehens, einer fortlaufenden Handlung nur Reflexionen, Dialoge ohne Ziel, gedankliche Akrobatik.
4. Nicht die äußere Welt, die Welt der Realität wird dargestellt, sondern der seelische Innenraum des Menschen.
5. Der Mensch steht nicht dem Menschen und der Welt gegenüber, sondern dem Rätselhaften, Unbegreiflichen, Transzendenten, dem Chaos, dem Nichts.

---

[20]) Carol Petersen, Max Frisch, Berlin 1966.

6. Der Mensch kennt keine Ideale und hat kein Ziel mehr; er hat keinen Halt; er ist entsetzlich einsam, es erfaßt ihn eine namenlose Angst vor der eigenen inneren Leere, die sein Denken und Tun völlig beherrscht.
7. Das absurde Theater ist Demonstrationstheater: es „zeigt" die Situation des Menschen auf, in der er sich „befindet": die Situation der metaphysischen Ausweglosigkeit.
8. Das absurde Theater desillusioniert und setzt damit einen Denkprozeß in Gang: es fordert heraus.
9. Die klassischen Kategorien der Einheit der Zeit, des Ortes und der Handlung sind aufgehoben: es gibt keine äußere meßbare Zeit mehr, sie geht über in Zeitlosigkeit, in Zuständlichkeit. Zeit läuft nicht mehr ab, sie wird zum fest fixierten Dauerzustand: Das Warten („Warten auf Godot"); das Vegetieren („Endspiel").
Der Ort ist ein imaginärer Ort: er ist überall und nirgends. („Landstraße. Ein Baum.")
Es gibt keine Handlung mehr (im alten Sinne), der „Verlauf" der Stükke ist statisch.
10. Die Figuren sind nicht mehr mit sich selbst identisch, haben keine Personalität, sondern sind Typen, Marionetten, „Spieler". Daher oft Rollenverdoppelung oder Doppelrollen, eine Folge der Auflösung der normalen Subjekt-Objekt-Beziehungen.
11. Das absurde Theater ist vielfach Pantomime. Es bevorzugt optische und akustische Elemente der Darstellung.
12. Das absurde Theater schwelgt in Allegorien, Paradoxien und Clownerien. „Der Clown ist weder tierisch ernst noch zynisch, sondern von einer Traurigkeit, die, da sie das traurige Los des Menschen abspiegelt, die Herzen aller Menschen solidarisiert."
13. „In einer Welt, in der die Grenze zwischen Subjekt und Subjekt gefallen ist, in der sich offenbart, wie das Subjekt in sich gespalten ist, kann die Sprache, die auf dem gesicherten Subjekt-Objekt-Bezug basiert, nicht mehr tragfähig sein." Im absurden Theater herrscht die Inkommunikabilität: Die Menschen reden aneinander vorbei, ihre Worte werden nicht verstanden oder gehen ins Leere. Die Zerstörung der Sprache als Mittel der Verständigung ist im absurden Theater evident.
14. Doppelungen, Parallelität, Kreisbewegungen, Rückwendung des Endes in den Anfang sind typische bühnentechnische und dramaturgische Kunstgriffe des absurden Theaters, die sich in der Vorliebe für Figurenpaare, Wort- und Satzwiederholungen, Situationswiederholungen und in steten, ins Unendliche verlaufenden Dialogen ohne Anfang und Ende äußern: ein circulus vitiosus, aus dem der Mensch sich nicht mehr herauslösen und befreien kann.

Martin Esslin definiert das Wesen des absurden Theaters folgendermaßen:

„Da dem Theater des Absurden nicht daran gelegen ist, Informationen zu übermitteln oder die Probleme und Schicksale von Personen darzustellen, die außerhalb der Innenwelt des Autors existieren, da es auch keine Thesen aufstellt und keine ideologischen Behauptungen diskutiert, befaßt es sich auch nicht mit der Schilderung von Ereignissen oder der Darstellung der Schicksale und Abenteuer eines dramatischen Helden. An ihre Stelle tritt die Darstellung von Grundsituationen des Einzelmenschen. Es ist ein Theater der Situation im Gegensatz zum Theater des Handlungsablaufs, und seine Sprache ist nicht die der Beweisführung und der diskursiven Rede, sondern eine Zeichensprache in konkreten Bildern. Und da es Lebensgefühle darzustellen versucht, kann es also Verhaltens- oder Moralprobleme auch weder untersuchen noch lösen. Weil im Theater des Absurden der Autor seine persönliche Welt auf die Bühne projiziert, kennt dieser dramatische Stil auch keine objektiv gültigen Charaktere. Er zeigt weder das Aufeinanderprallen gegensätzlicher Temperamente noch in Konflikt geratene menschliche Leidenschaften; er ist daher nicht dramatisch im herkömmlichen Sinne. Der Dramatiker des Absurden will auch keine Geschichten erzählen, um daraus nach Art des erzählenden „epischen" Theaters von Brecht moralische oder soziale Lehren abzuleiten. Die Handlung eines absurden Stücks soll nichts erzählen, sondern eine Komposition poetischer Bilder auf die Bühne stellen.[21])

Das Sprechtheater Peter Handkes

Theater ohne Handlung – in Form von Worten

In der Regieanweisung zu Handkes „Kaspar" heißt es eingangs: „Die Bühne ist schon offen. Die Zuschauer sehen das Bühnenbild nicht als Bild eines woanders gelegen Raumes, sondern als Bild der Bühne. Das Bühnenbild stellt die Bühne dar. Die Gegenstände auf der Bühne sehen schon auf den ersten Blick theatralisch aus: nicht weil sie nachgemacht sind, sondern weil ihre Anordnung zueinander nicht ihrer üblichen Anordnung in der Wirklichkeit entspricht. Die Gegenstände sind als Requisiten erkennbar. Sie sind Spielgegenstände..."

---

[21]) Martin Esslin, Das Theater des Absurden, Frankfurt a. M. 1967.

Das Bühnenbild zeigt also nicht irgend einen beliebigen fiktiven oder zur Handlung gehörigen Ort, sondern die Bühne selbst. Ort der Handlung: die Bühne. Was ist eigentlich neu an dieser Forderung? Die Bühne als Bühne oder die Bühne auf der Bühne hat es lange vor Handke gegeben; auch ist Handkes Idee der Ablehnung einer „ortsfremden", imaginierten Wirklichkeit nicht logisch; denn nun ist die Bühne selbst zur imaginierten Wirklichkeit geworden. Ob Wald, Schloßsaal, Bürgerstube oder Bühne: so oder so ist der Ort der Handlung realiter gekennzeichnet.

Laut Handke ist das Theater bisher zu sehr als „statisches Objekt" gesehen worden, er will die Wirklichkeit selbst zum Spielraum machen. „Nur so", meint er, „wird Theater unmittelbar wirksam" („Straßentheater und Theatertheater", in: Peter Handke, Prosa, Gedichte, Theaterstücke, Aufsätze, Frankfurt am Main 1969). In dem Aufsatz „Ich bin ein Bewohner des Elfenbeinturms" (ebenda) führt Handke aus:

„Ich hätte zum Beispiel nie gedacht, daß ich jemals Stücke schreiben würde. Das Theater, wie es war, war für mich ein Relikt aus vergangener Zeit. Auch Beckett und Brecht hatten nichts mit mir zu schaffen. Die Geschichten auf der Bühne gingen mich nichts an .. Die Möglichkeiten der Wirklichkeit waren durch die Unmöglichkeiten der Bühne beschränkt, das Theater täuschte über die Wirklichkeit hinweg.

Der fatale Bedeutungsraum (die Bühne bedeutet Welt) blieb unreflektiert und führt mich zu lächerlich eindeutigen Symbolismen wie etwa denen des Beckettschen Pantomimen, der auf die Bühne geworfen wird. Das war für mich keine Neuigkeit, sondern ein Hereinfallen auf die alte Bedeutung der Bühne. Die Brechtsche Desillusionierung, die zum Desillusionieren immer Illusionen nötig hatte, erschien mir ebenso als fauler Zauber; wieder wurde Wirklichkeit vorgetäuscht, wo Fiktion war . . .

Auf die „Vortäuschung" der Wirklichkeit im traditionellen Theater geht Handke in der „Publikumsbeschimpfung" ein:

„Hier wurde gespielt. Hier wurde Sinn gespielt. Hier wurde Unsinn mit Bedeutung gespielt. Die Spiele hier hatten einen Hintergrund und einen Untergrund. Sie waren doppelbödig. Sie waren nicht das, was sie waren. Sie waren nicht das, was sie schienen. Es war bei ihnen etwas dahinter. Die Dinge und Handlungen schienen zu sein, aber sie waren nicht. Sie schienen so zu sein, wie sie schienen, aber sie waren anders. Sie schienen nicht zu scheinen wie in einem reinen Spiel, sie schienen zu *sein*. Sie schienen Wirklichkeit zu sein. Die Spiele hier waren nicht Zeitvertreib, oder sie waren nicht Zeitvertreib allein. Sie waren Bedeutung. Sie waren nicht zeitlos wie die reinen Spiele, in ihnen verging eine unwirkliche Zeit. Die offensichtliche Bedeutungslosigkeit mancher Spiele machte gerade ihre versteckte Bedeutung aus. Selbst die Späße der Spaßmacher hatten auf diesen Brettern eine tiefere Bedeutung. Immer gab es einen Hinterhalt. Immer lauerte etwas zwischen Worten, Gesten und Requisiten und wollte Ihnen etwas bedeuten. Immer war etwas zweideutig und mehrdeutig. Immer ging etwas vor sich. Es geschah etwas im Spiel, was von Ihnen als wirklich gedacht werden sollte. Immer geschahen Geschichten. Eine gespielte und unwirkliche Zeit ging vor sich. Das, was Sie sahen und hörten, sollte nicht nur das sein, was Sie sahen und hörten. Es sollte das sein, was Sie nicht sahen und nicht hörten. Alles war gemeint. Alles sagte aus. Auch was vorgab, nichts auszusagen, sagte aus, weil etwas, das auf dem Theater vor sich geht, etwas aussagt. Alles Gespielte sagte etwas Wirkliches aus. Es wurde nicht um des Spiels, sondern um der Wirklichkeit willen gespielt. Sie sollten hinter dem Spiel eine gespielte Wirklichkeit entdecken. Sie sollten etwas heraushören. Nicht ein Spiel wurde gespielt, eine Wirklichkeit wurde gespielt. Die Zeit wurde gespielt. Da die Zeit gespielt wurde, wurde die Wirklichkeit gespielt. Das Theater spielte Tribunal. Das Theater spielte Arena. Das Theater spielte moralische Anstalt. Das Theater spielte Träume. Das Theater spielte kultische Handlungen. Das Theater spielte einen Spiegel für Sie. Das Spiel ging über das Spiel hinaus. Es deutete auf die Wirklichkeit. Es wurde unrein. Es bedeutete. Statt daß die Zeit aus dem Spiel geblieben wäre, spielte sich eine unwirkliche und unwirksame Zeit ab. Mit der unwirklichen Zeit spielte sich eine unwirkliche Wirklichkeit ab. Sie war nicht da, sie wurde Ihnen nur bedeutet, sie spielte sich ab. Hier geschah weder Wirklichkeit noch Spiel. Wäre ein reines Spiel gespielt worden, so hätte man die Zeit außer acht lassen können. In einem reinen Spiel gibt es keine Zeit. Da aber eine Wirklichkeit gespielt wurde, wurde auch die zugehörige Zeit nur gespielt. Wäre hier ein reines Spiel gespielt worden, so hätte es hier nur die Zeit der Zuschauer gegeben. Da hier aber die Wirklichkeit im Spiel war, gab es hier immer zwei Zeiten, Ihre Zeit, die Zeit der Zuschauer, und die gespielte Zeit, die scheinbar die wirkliche war. Aber die Zeit läßt sich nicht spielen. Sie läßt sich in keinem Spiel wiederholen. Die Zeit ist unwiederbringlich. Die Zeit ist unwiderstehlich. Die Zeit ist unspielbar. Die Zeit *ist* wirklich. Sie kann nicht als wirklich *gespielt* werden. Da die Zeit nicht gespielt werden kann, kann auch die Wirklichkeit nicht gespielt werden. Nur ein Spiel, in dem die Zeit aus dem Spiel ist, ist ein Spiel. Ein Spiel, in dem die Zeit mitspielt, ist kein Spiel. Nur ein zeitloses Spiel ist ohne Bedeutung. Nur ein zeitloses Spiel ist selbstgenügsam. Nur ein zeitloses Spiel braucht die Zeit nicht zu *spielen*. Nur für ein zeitloses Spiel ist die Zeit ohne Bedeutung, alle anderen Spiele sind unreine Spiele. Es gibt nur Spiele, in denen es keine Zeit gibt, oder Spiele, in denen die Zeit die wirkliche Zeit ist wie die neunzig Minuten in einem Fußballspiel, bei dem es gleichfalls nur eine Zeit gibt, weil die Zeit der Spieler auch die Zeit der Zuschauer ist. Alle anderen Spiele sind Falschspiele. Alle anderen Spiele spiegeln falsche Tatsachen vor. In einem zeitlosen Spiel spiegeln sich keine Tatsachen."

Handkes Vorstellung des Theaters geht davon aus, daß keine Handlung dargestellt werden kann, die schon einmal – in früherer Zeit – abgelaufen und geschehen ist. „Wir spielen keine Handlung, also spielen wir keine Zeit. Hier kann kein Spiel wiederholt werden." Es gibt also nach Handke nur *eine Zeit*, keine Zweiteilung in eine gespielte Zeit und in eine Spielzeit. Es gibt nur die Spielzeit. Das bedeutet die Einheit der Zeit. Es gibt auch keine Handlung, die separat von den Zuschauern auf der Bühne zu sehen ist. Publikum und Spieler bilden eine Einheit, das ist die Einheit der Handlung. Sie wird – laut Handke – dadurch hergestellt, daß die Spieler zu den Zuschauern sprechen. Und da Bühne und Zuschauerraum ebenfalls eine Einheit bilden, zusammengehören, ist auch die Einheit des Ortes gegeben. Handke schließt: „Alle drei erwähnten Umstände zusammen bedeuten die Einheit von Zeit, Ort und Handlung. Das Stück ist also klassisch."

Ergänzend hierzu heißt es in dem Aufsatz „Ich bin ein Bewohner des Elfenbeinturms":

„Die Methode meiner ersten Stücke ist deswegen eine Beschränkung der theatralischen Handlung auf Wörter gewesen, deren widersprüchliche Bedeutung eine Handlung und eine individuelle Geschichte verhinderten. Die Methode bestand darin, daß kein Bild mehr von der Wirklichkeit gegeben wurde, daß nicht mehr die Wirklichkeit gespielt oder vorgespiegelt wurde, sondern daß mit Wörtern und Sätzen der Wirklichkeit gespielt wurde. Die Methode meines ersten Stücks bestand darin, daß alle bisherigen Methoden vereint wurden...

Es ging mir nicht darum, Klischees zu „entlarven" (die bemerkt jeder halbwegs sensible Mensch), sondern mit Hilfe der Klischees von der Wirklichkeit zu neuen Ergebnissen über die (meine) Wirklichkeit zu kommen; eine schon automatisch reproduzierbare Methode wieder produktiv zu machen."[22])

---

[22]) Peter Handke, Prosa, Gedichte, Theaterstücke, Frankfurt a. M. 1969.

In den „Bemerkungen zu meinen Sprechstücken" führt Handke zu diesem Thema weiter aus: „Die Sprechstücke sind Schauspiele ohne Bilder, insofern, als sie kein Bild von der Welt geben. Sie zeigen auf die Welt nicht in der Form von Bildern, sondern in der Form von Worten, und die Worte der Sprechstücke zeigen nicht auf die Welt als etwas außerhalb der Worte Liegendes, sondern auf die Welt in den Worten selber. Die Worte, aus denen die Sprechstücke bestehen, geben kein Bild von der Welt, sondern einen Begriff von der Welt. Die Sprechstücke sind theatralisch insofern, als sie sich natürlicher Formen der Äußerung in der Wirklichkeit bedienen. Sie bedienen sich der Sprachformen, die in der Wirklichkeit mündlich geäußert werden. Die Sprechstücke bedienen sich der natürlichen Äußerungsform der Beschimpfung, der Selbstbezichtigung, der Beichte, der Aussage, der Frage, der Rechtfertigung, der Ausrede, der Weissagung, der Hilferufe..."

Das, was Handke hier postuliert, ist keineswegs etwas Neues; vielmehr hatte schon in den achtziger Jahren des neunzehnten Jahrhunderts der sogenannte „konsequente Naturalismus" eines Arno Holz, Johannes Schlaf und vor allem Gerhart Hauptmann der stilistisch überhöhten Bühnensprache der deutschen Klassik den Krieg angesagt und sich des Jargons der gewöhnlichen Umgangssprache, sogar des Dialekts bedient. Neu ist allerdings die von Peter Handke geforderte Handlungslosigkeit seiner Sprechstücke: „Es kann in den Sprechstücken keine Handlung geben, weil jede Handlung auf der Bühne nur das Bild von einer anderen Handlung wäre; die Sprechstücke beschränken sich auf Worte und geben keine Bilder, auch nicht Bilder in der Form von Worten, die nur die vom Autor erzwungenen Bilder eines inneren, naturgemäß nicht geäußerten wortlosen Sachverhalts wären und keine natürlichen Äußerungen. Sprechstücke sind verselbständigte Vorreden der alten Stücke. Sie wollen nicht revolutionieren, sondern aufmerksam machen."[23])

Handke hat allerdings selber seine theoretisch vorgetragene Forderung der Handlungslosigkeit von Sprechstücken nicht realisieren können, weil Theater, es mag stattfinden, wo es sei, eben Handlung verlangt; das handlungslose Sprechstück „Publikumsbeschimpfung" hat Handke für weitere „Aufführungen" gesperrt; in seinen späteren Stücken „Kaspar" (1968), „Das Mündel will Vormund sein" (1969), „Der Ritt über den Bodensee" (1970), „Die Unvernünftigen sterben aus" (1973) ist Handke zum Hand-

---

[23]) Peter Handke, Bemerkungen zu meinen Sprechstücken. In: Peter Handke, Stücke Bd. I. Frankfurt a. M. 1972.

lungsdrama zurückgekehrt, zweifellos widerstrebend, aber in der Einsicht, daß es ganz ohne Handlung eben nicht geht. Das Thema der Stücke zwingt ihn dazu, sich mit einer, wenn auch noch so dürftigen Handlung abzufinden.

Würden Handkes Vorstellungen eines modernen Sprechtheaters (Straßentheaters) und der grundsätzlichen Aufhebung der Institution Theater konsequent durchgeführt werden, so würde das eine völlige Liquidierung des Theaters überhaupt bedeuten. Es dürfte dann weder Schauspieler, Darsteller, Sprecher noch ein ihnen gegenüberstehendes Publikum geben, weder Bühne noch Zuschauerraum, somit also auch keinen Theaterbau, weder Handlung noch Show. Jerry Rubin, der Wortführer des Hippie-Theaters, sagt: ,,Our theatre has no rules, forms, structures, standards, traditions – it is pure, natural energy, impulse, anarchy. Revolution is Theatre-in-the-Streets..." Logischerweise müßte demnach eine beliebige Menschenmenge sich selbst ,,unterhalten", an irgend einem beliebigen Versammlungsort, über irgendein beliebiges Thema. Die Konversation selbst, die Auseinandersetzung, die gewechselten oder vorgetragenen Worte wären somit das Spiel.

Handke fordert: ,,Das engagierte Theater findet heute nicht mehr in Theaterräumen statt, sondern zum Beispiel in Hörsälen, wenn einem Professor das Mikrofon weggenommen wird, wenn Professoren durch eingeschlagene Türen blinzeln, wenn Revolutionäre ihre kleinen Kinder mit zum Rednerpult nehmen, wenn die Kommune die Wirklichkeit, indem sie sie terrorisiert, in ihrem Terror erkennbar macht." (Peter Handke, ,,Straßentheater und Theatertheater"). In der Fortsetzung dieser Gedankengänge würde Handke demnach auch Universitätsrevolten, Demonstrationen, Banküberfälle, Raubmorde, politische Morde, Geiselnahmen usw. als ,,engagiertes Theater" ansehen. Einer solchen Auffassung des modernen Theaters hat kein Geringerer als der Literaturhistoriker Hans Meyer das Urteil gesprochen: ,,Es gibt Spiele in der Wirklichkeit, gespielte Wirklichkeit, es gibt Wirklichkeit spielerisch dargeboten: aber man kann nicht mit der Wirklichkeit spielen."[24])

---

[24]) Hans Mayer, Kaspar. In: Text und Kritik 24/24 a, München 1971.

II. Teil

DAS DRAMA IN DER PRAXIS

(Typische Szenenbeispiele)

Die antike Tragödie

Sophokles: König Ödipus

Die Ermordung seines Vaters Laios, die Ehe mit Jokaste, der eigenen Mutter, das sind die furchtbaren Verbrechen, die Ödipus unwissend begangen hat. Der Fluch der Gottheit lastet auf dem Land, bis der Mörder des Laios gefunden und bestraft ist. Mit unheimlicher Geschäftigkeit, mit rastloser Sorgfalt, mit leidenschaftlichem Eifer ruht Ödipus, der König in Theben, nicht, bis es seinen Bemühungen gelingt, den furchtbaren Schleier zu lüften, mit dem sein eigenes Verbrechen verhüllt war. Und als er dann vollends erfährt, daß seine Mutter zugleich seine Gattin ist, stößt er sich die Spange der unglücklichen Jokaste, die sich selbst getötet hat, in die Augen: er ist nicht mehr wert, das Sonnenlicht zu schauen.

Szene: Ödipus und der Bote

(Ödipus erfährt von dem Boten aus Korinth seine Herkunft.)

Der Bote. Vor welchem Weibe seid ihr so in Furcht gesetzt?
Ödipus. Vor Merope, der Frau des Polybos, o Greis.
Der Bote. Was ist's an dieser, das euch so in Schrecken setzt?
Ödipus. Ein grauser Spruch, o Fremdling, den der Gott gesandt.
Der Bote. Darfst du ihn nennen? Oder soll ihn niemand wissen?
Ödipus. Vernimm! Apollo tat mir kund, ich müsse mich
 Der eignen Mutter als Gemahl gesellen und
 Mit dieser Hand vergießen meines Vaters Blut.
 Deswegen zog ich aus Korinth vor langer Zeit
 Nach Theben, zwar zu meinem Glücke, doch –
 Was gibt es Süßres, als der Eltern Auge schaun?
Der Bote. Dies also war's, was dich von Hause trieb?
Ödipus. Und um des Vaters Mörder nicht zu sein.

Der Bote. Warum doch hab ich dich von dieser Furcht, o Fürst,
  Nicht gleich befreit? Wohlmeinend kam ich her,
  Daß schöner Lohn mir würde, wenn du heimgekehrt.
Ödipus. Doch, traun, zu meinen Eltern kehr' ich nie zurück!
Der Bote. Mein Sohn, du weißt nicht, was du tust, ich seh' es klar –
Ödipus. Wieso, mein Alter? Bei den Göttern, sage mir's!
Der Bote. Wenn du dich ihretwegen heimzukommen scheust.
Ödipus. Ich zittre, sicher treffe Phöbos' Wort mir ein.
Der Bote. Daß Greu'l an deinen Eltern dich entheilige?
Ödipus. Dies eben, Alter, dieses schreckt mich fort und fort.
Der Bote. Nun, weißt du, daß du ohne Grund dich ängstigest?
Ödipus. Wie wäre das? Von diesen Eltern stamm' ich doch.
Der Bote. Weil Polybos nicht deines Stammes war, o Herr!
Ödipus. Was sagst du? Polybos war nicht mein Vater denn?
Der Bote. Nicht mehr, o Herr, noch minder, als ich selber hier.
Ödipus. Wie wär' ein Vater einem gleich, der keiner ist?
Der Bote. Er war so wenig, als ich selbst, dein Vater, Herr!
Ödipus. Weshalb denn aber nannte er mich seinen Sohn?
Der Bote. Aus meinen Händen nahm er als Geschenk dich einst.
Ödipus. Und liebte dennoch mich so sehr aus fremder Hand?
Der Bote. Ein kinderloses Leben hieß ihn also tun.
Ödipus. Du kauftest oder fandest mich und gabst mich ihm?
Der Bote. In tiefer Waldschlucht im Kithäron fand ich dich.
Ödipus. In welcher Absicht kamst du denn an diesen Ort?
Der Bote. Dort war des Berges Herde mir zur Hut vertraut.
Ödipus. So warst du Hirte, zogst umher im Dienst des Herrn?
Der Bote. Und dein Erretter ward ich, Sohn, in jener Zeit.
  (Jokaste horcht auf.)
Ödipus. Wie? fandest du in Leiden, in Gefahren mich?
Der Bote. Die Fußgelenke können dir's bezeugen, Kind!
  *(Jokaste gerät in heftiges Entsetzen, das sie, zurücktretend,
  zu verbergen sucht.)*
Ödipus. Weh mir! Warum erwähnst du dieses alte Leid?
Der Bote. Die durchgestochnen Füße löst' ich beide dir.
Ödipus. Ein schmählich Zeichen ward mir in den Windeln schon!
Der Bote. Und dieses Schicksal trug dir deinen Namen ein.
Ödipus. O Götter! Tat dies Vater oder Mutter? Sprich!
Der Bote. Ich weiß nicht; der wird's wissen, welcher dich mir gab.
Ödipus. Von einem andern nahmst du, fandst nicht selbst mich auf?
Der Bote. Nicht selbst; ein andrer Hirte fand und gab dich mir.

Ödipus. Wer war es? Weißt du näher mir zu nennen ihn?
Der Bote. Man nannt' ihn, mein' ich, einen Knecht des Laios.
Ödipus. Des Fürsten, der vorzeiten hier im Land gebot?
Der Bote. Ja, dieses Königs Hirte war der Mann, o Herr!
Ödipus. Und lebt er jetzt noch, daß ich selbst ihn sehen kann?
Der Bote. Ihr Eingebornen wisset das am besten wohl.
Ödipus. Ist unter euch, ihr Männer, die ihr uns umsteht,
  Nicht einer, der den Hirten kennt, von dem er spricht,
  Sei's, daß er hier ihn oder auf dem Felde sah?
  So sprecht; es auszugründen ist jetzt wohl die Zeit.
Der Chor. Kein andrer ist es, glaub' ich, als vom Felde der,
  Den du zu sehen früher schon verlangt; indes
  Gibt wohl die beste Kunde dir Jokaste selbst.

Ödipus (zu Jokaste). Frau, meinst du, jener, den wir eben jetzt hierher
  Beschieden, sei derselbe, den der Bote meint?
Jokaste (in höchster Verwirrung ausweichend).
  Wer? Welchen nannt' er? Achte nicht hierauf und dem,
  Was er gesprochen, sinne nicht vergeblich nach.
Ödipus. Das bleibe ferne, daß ich jetzt nicht mein Geschlecht
  Enthüllen sollte, nun ich solche Spuren fand!
Jokaste. Bei allen Göttern, wenn das eigne Leben dir
  Lieb ist, so laß dies Forschen! M e i n e Qual genügt.

Szene: Ödipus und der Hirte

(Ödipus hat von dem Boten aus Korinth erfahren, daß ein Hirte aus Theben, ein Knecht des Laios, ihm ein Kleinkind mit durchgestochenen Füßen im Kithärongebirge übergeben habe. Gegen den Willen Jokastes, die schon den Zusammenhang durchschaut, läßt Ödipus den Hirten kommen, um von ihm die ganze Wahrheit zu hören.)

Ödipus (zu dem Hirten, der scheu umhersieht).
  Hierher gesehen, Alter, und erwidre mir
  Auf meine Fragen! Warst du Knecht des Laios einst?
Der Hirte. Ich war's, im Haus erzogen, nicht gekauft von ihm.
Ödipus. Und welch Geschäft betriebst du, was war dein Beruf?
Der Hirte. Ich ging des Lebens längste Zeit den Herden nach.
Ödipus. In welcher Gegend hieltst du dich gewöhnlich auf?

Der Hirte. Wo am Kithäron jene hohen Triften sind.
Ödipus. Und diesen Mann wohl kennst du, sahst ihn dort vielleicht?
Der Hirte. Bei welchem Anlaß? Welcher Mann ist's, den du meinst?
Ödipus. Der, welcher hier steht. Pflogst du nie Verkehr mit ihm?
Der Hirte. Nicht gleich zu sagen weiß ich's aus Erinnerung.
Der Bote. Das ist, o Herr, kein Wunder; doch ich will ihn klar
    An längst Vergangnes mahnen. Denn ich weiß, er wird
    noch wissen, wie wir auf Kithärons hoher Trift
    – Er war mit zweien Herden, ich mit einer dort –
    Vom Lenze bis zum Herbste drei vollkommene
    Sechsmondenfristen lebten, nachbarlich gesellt:
    Ich trieb, sobald es Winter ward, die Herde fort
    In meine Hürden, er zum Hof des Laios.
    Ist, was ich sage, Wahrheit, oder red' ich falsch?
Der Hirte. Du sagst die Wahrheit; freilich ist es lange her.
Der Bote. Nun sage, weißt du, wie du dort ein kleines Kind
    Mir gabst, es aufzuziehen als mein eigenes?
Der Hirte (in ängstlicher Verwirrung).
    Was willst du damit? Warum fragst du mich danach?
Der Bote (auf Ödipus weisend).
    Der ist es, Freund; er war das neugeborne Kind.
Der Hirte (entsetzt, macht dem Boten Zeichen).
    Du bist des Todes! Willst du schweigen wohl sofort!
Ödipus. Ha, diesen, Alter, strafe nicht; denn mehr gebührt
    Die Strafe deinen Worten als den seinigen.
Der Hirte. Doch was, o bester aller Herren, verbrach ich denn?
Ödipus. Das Kind, nach welchem dieser fragt, verleugnest du.
Der Hirte. Er weiß nicht, was er redet, müht umsonst sich ab.
Ödipus. Und sagst du's nicht in Güte, nun, so zwingt man dich.
Der Hirte. Mißhandle, bei den Göttern, nicht mich alten Mann!
Ödipus (zu den Dienern). Auf, bindet ihm die Hände
    gleich am Rücken fest!
Der Hirte. Wofür? Ich Armer! Was zu wissen wünschest du?
Ödipus. Das Kind, nach welchem dieser fragt, du gabst es ihm?
Der Hirte. Ich gab's. O hätte damals mich der Tod entrafft!
Ödipus. Der wird dir heute, wenn du nicht das Wahre sagst.
Der Hirte. Und noch gewisser, wenn ich red', ist mir der Tod.
Ödipus. Ausflüchte, wohl erkenn' ich's, sucht der Alte nur.
Der Hirte. Nicht doch: ich sagte lange schon: ich gab es ihm.
Ödipus. Woher bekamst du's? War es dein, war's andrer Kind?

Der Hirte. Nicht meines war es; ich empfing's von fremder Hand.
Ödipus. Von welchem unsrer Bürger und aus welchem Haus?
Der Hirte. Bei allen Göttern, forsch, o Herr, nicht weiter mehr!
Ödipus (erregt). Du bist des Todes, frag' ich das zum zweitenmal!
Der Hirte. Nun denn, im Haus des Laios kam das Kind zur Welt.
Ödipus. Sohn eines Sklaven? Oder blutsverwandt mit ihm?
Der Hirte. Weh, weh mir! Sagen soll ich's nun, das Schreckliche!
Ödipus. Und ich es hören: aber hören muß ich's doch.
Der Hirte. Wohl hieß das Kind sein eignes; doch am besten sagt
    Dir alles, wie's geschehen, drinnen dein Gemahl.
Ödipus. Sie übergab den Knaben dir?
Der Hirte. Sie selbst, o Fürst.
Ödipus. Mit welcher Weisung?
Der Hirte. Daß ich ihn ermordete.
Ödipus. Ihr Kind, die Arge?
Der Hirte. Ja, geschreckt durch bösen Spruch.
Ödipus. Der hieß?
Der Hirte. Den Vater mord' es einst, so hieß das Wort.
Ödipus. Wie kam es, daß du diesem Greis den Knaben gabst?
Der Hirte (auf die Knie fallend).
    Aus Mitleid tat ich's, daß er ihn in fremdes Land,
    Woher er selbst war, trüge, Herr; doch der erhielt
    Ihn nun zum höchsten Jammer. Denn bist d u das Kind,
    Von dem er spricht, so bist du, ach! zu Gram gezeugt!
Ödipus. Ihr Götter! Götter! Alles kommt nun klar zutag!
    O Licht, zum letzten Male schau' ich heute dich,
    Die Greuel alle sind vollendet!
(Ab in den Palast. Die Diener folgen. Der Chor bleibt allein zurück.)

Sophokles: Antigone

Im Kampf um die Stadt Theben sind die Brüder Antigones, Eteokles und Polyneikes, gefallen, Eteokles als der Verteidiger der Stadt, Polyneikes als ihr Angreifer. Deswegen hat Kreon, der neue König von Theben, Eteokles bestatten lassen, aber die Bestattung des Polyneikes verboten. Seinem Befehl widersetzt sich Antigone, die aus religiösen und humanitären Gründen auch an der vor den Toren der Stadt liegenden Leiche ihres Bruders Polyneikes die heiligen Bestattungsbräuche vollzieht. Sie wird dabei ergriffen und Kreon vorgeführt. In der Auseinandersetzung mit ihm vertritt Antigone das göttliche Gebot („Nicht mitzuhassen, mitzulieben bin ich da"). Und wenn sie auch der äußeren Macht Kreons unterliegt und die Todesstrafe erleiden muß, so bleibt sie doch die unbestrittene Siegerin gegenüber der irdischen Gewalt.

Zweites Stasimon (Standlied) des Chors

Der Chor.

Erste Strophe.

Vieles Gewalt'ge lebt, und nichts
Ist gewaltiger als der Mensch,
Denn selbst über die dunkle
Meerflut zieht er, vom Süd umstürmt,
Hinwandelnd zwischen den Wogen
Die ringsumtoste Bahn.
Er müdet ab der Götter höchste,
Gäa, die ewige, nie zu ermattende,
Während die Pflüge sich wenden von Jahr zu Jahr,
Wühlt sie durch der Rosse Kraft um.

Erste Gegenstrophe.

Flüchtiger Vögel leichte Schar
Und wildschwärmendes Volk im Wald,
Auch die wimmelnde Brut der See
Fängt er, listig umstellend sie
Mit netzgeflochtenen Garnen,
Der vielbegabte Mensch.

Er zwingt mit schlauer Kunst des Landes
Bergdurchwandelndes Wild, und den mähnigen
Nacken umschirrt er dem Roß mit dem Joche rings,
Wie dem freien Stier der Berghöh'n.

Zweite Strophe.

Und das Wort und den luftigen Flug
Des Gedankens erfand er, ersann
Staatsordnende Satzungen, weiß dem ungastlichen
Frost des Reifes und
Zeus' Regenpfeilen zu entfliehn.
Überall weiß er Rat;
Zukünft'ges; vor dem Tode nur
Späht er kein Entrinnen aus.
Doch für der Seuchen schwerste Not
Fand er Heilung.

Zweite Gegenstrophe.

In Erfindungen listiger Kunst
Weit über Verhoffen gewandt,
Neigt bald er zu Bösem, zu Gutem bald, achtet hoch
Der Heimat Gesetz,
Der Götter heilig Recht und wird
Hoch geehrt! Aber der
Gilt nichts, der, gesellt
Dem Bösen, frechem Trotze frönt.
Nimmer sitze mir am Herd
Und nimmer sei mir gleichgesinnt
Solch ein Frevler!

Szene: Antigone – Kreon

Antigone. Nicht schänden kann die Liebe, die den Bruder ehrt.
Kreon. War Bruder nicht auch, der ihm gegenüber fiel?
Antigone. Derselben Mutter und desselben Vaters Sohn.
Kreon. Warum an ihm denn frevelst du durch solche Gunst?
Antigone. Nicht also wird er richten, der im Tode ruht.
Kreon. Nicht, wenn der Frevler gleiche Gunst von dir empfängt?

Antigone. Kein Knecht, der Bruder war's ja, der im Kampfe fiel.
Kreon. Dies Land verheerend, während der es kämpfend schirmt'.
Antigone. Doch spricht für beide gleiches Recht der Hades an.
Kreon. Nur soll der Edle nicht empfahn dem Bösen gleich.
Antigone. Wer sagt mir, ob dort unten auch der Brauch gefällt?
Kreon. Nie wird der Feind zum Freunde, selbst im Tode nicht.
Antigone. Nicht mitzuhassen, mitzulieben bin ich da.

Szene: Kreon – Hämon

Kreon. Soll ich in meinem Alter noch Verstand
    Von einem lernen, der so jung an Jahren ist?
Hämon. Nichts, was verwerflich wäre! Wenn ich Jüngling bin,
    So muß man auf die Sache, nicht aufs Alter sehn.
Kreon. Das nennst du gut, dem Ungehorsam Ehre weihn?
Hämon. Ich spreche niemals Ehre für die Schlechten an.
Kreon. Ist diese denn nicht solchen Frevels überführt?
Hämon. Das widerspricht dir alles Volk in Thebens Stadt.
Kreon. So soll die Stadt mir sagen, wie ich herrschen muß?
Hämon. Sieh da, wie sprichst du nur zu sehr dem Jüngling gleich!
Kreon. Für wen sonst als für mich herrsch' ich in diesem Land?
Hämon. Das ist ja kein Staat, welcher einem Mann gehört.
Kreon. Wird dessen, der ihn lenket, nicht der Staat genannt?
Hämon. Schön herrschtest du denn ganz allein im öden Land.
Kreon. Ich irre, wenn mein Herrscherrecht mir heilig gilt?
Hämon. Nicht heilig gilt dir's, wenn du Götterrecht verhöhnst.
Kreon. Schmachvolle Denkart, die dem Weib sich unterwirft!
Hämon. Mich sollst du niemals untertan der Schande sehn.
Kreon. Doch deine ganze Rede kämpft für jene nur.
Hämon. Für dich und mich auch und die Todesgötter dort.
Kreon. Und rechtest mit dem Vater, du Nichtswürdiger?
Hämon. Weil ich vom rechten Pfade dich abirren seh.

Mittelalterliche Mysterienspiele und Fastnachtsspiele

Johann von Saaz: Der Ackermann aus Böhmen

(Nachdichtung von Hermann Claudius unter dem Titel
„Der Ackermann und der Tod")

Der Ackermann:
    Grimmer Tilger aller Leut'!
    Aller Welt Verächter!
    Unbedachter Mörder, Schlächter,
    dem vor keiner Schöne scheut,
    dessen Tun seit je verrucht –
    Tod – euer Name sei verflucht!

    Ich bin ein Ackermann genannt
    auf und ab im Böhmerland,
    hinterm Pflug
    der Mühsal genug.
    Mein Liebstes habt ihr mir entrissen,
    das sollt ihr füglich wissen,
    mein Heiligtum,
    die lichte Sonnenblum'
    aus meines Herzens Schrein.
    Was soll ich leben allein?
    Aller Freuden bin ich beraubt.
    Mir hanget das Haupt.
    Ich schrei euch Fluch aus meinem Herzeleid,
    Tod, in alle Ewigkeit.

    Arger Traurenmacher Tod,
    Ich wißt nicht, was ihr mir angetan.
    Ich bin an alle Not
    ein verlorener Mann.
    Ich sehe sie im Geiste wandeln
    inmitten ihrer Kinder schön.
    Gar lieb und züchtig war
    sie anzusehn.

Redet, was ihr wollt: es ist die Gabe
aller Gaben,
ein getreulich liebes Weib zu haben.
Freue dich, ehrsamer Mann, reinen Weibes!
Freue dich, reines Weib, ehrsamen Mannes!
Was wisset ihr davon, der nie
aus solchem Brunnen trank?
Ich flüstre es euch ins Ohr:
Ich hasse euch wie je zuvor.

Der Tod:
Der Brunnen war der Weisheit Brunnen nicht,
draus du getrunken. Das beweist dein Wort.
Irdischer Wandel blieb dir unbekannt,
und wie ein Hündlein kläffst du gegen Uns.
Die Rosen schau und Lilien im Garten,
das würzig Kraut und Gras auf allen Auen,
Gesträuch und Bäume rundum im Gefild.
Der starke Bär und auch der grimme Löwe,
die Recken all und ruhmgekrönten Herren,
was immer stark und froh war, wird zunichte.
Wie sollte ihr allein, die du beweinst,
anders geschehen, als den andern allen
und allen andern anders als ihr?
Besinne dich! Auch du mußt einst dahin.
Der ein dem andern nach! Nur immer nach!
Begreife das und spare deine Klag'!

Du tust Uns Unrecht. Horche Unserm Wort!
Wir wollen deinen Fragen Antwort stehn.
Du fragest, wer Wir sind: Der Herre Tod.
Ein Mäher. Unsere Sense geht für sich.
Was Gras, was Blumen – alles haut sie baß.
Was Glanz, was Duft – Wir achten dessen nicht.
Veigel und Rosen und der Tulpen Pracht,
sie welken alle hin: So ist es recht.
Du fragest, was Wir sind: Wir sind ein Nichts,
nicht Körper und nicht Geist. Du greifst Uns nicht.
Wir aber lächeln. Und ihr sinket hin.

Der Ackermann:
>Ich will es nicht länger tragen.
>Gott selbst soll mir Antwort sagen.
>Anders kann ich nicht ruhn:
>Ihr müßt mit mir den Gang vor Gott nun tun,
>bei meinem Blut!
>ob's böse sei oder gut.

Sie treten vor Gott, der spricht:
>Du Kläger, habe die Ehre,
>Tod, du den Sieg.
>Jeder Mensch ist dem Tode das Leben, den Leib der Erde,
>die Seele Mir zu geben verpflichtet.

Der Ackermann beugt sich dem göttlichen Gesetz, aber über seinem Gehorsam liegt die Gnade.

Der Ackermann:
>Heil Du meiner Seele,
>Weg aus allem Irrsal,
>alles Lebens Quell,
>aller Kranken Labung,
>aller Siechen Quickung,
>aller Himmel Höh',
>Herr, erhöre mich!
>
>Nichts, das uns mag heilen,
>nur als Deine Hände,
>nur als Deine Gnade,
>nur als Deine Hut.
>Um des Sohnes willen,
>den Du uns gegeben
>– Jesus Christus – Amen –
>Herr, erhöre mich!
>
>Margaretha, meine getreue Fraue,
>die Dein Bote von mir fortgerufen,
>wolle sie in Gnaden bei Dir halten;
>birg sie unterm Schatten Deiner Flügel,
>tränke sie mit Deinem Himmelstaue –
>daß ich nicht in Schmerzen hier zerfließe.
>Laß sie sich in Deinem Spiegel schauen
>ewigschön im Chore Deiner Engel,

selber wohl der Engel allerreinster.
Ach, ich wollt', ich könnte bei ihr stehen,
Seligkeit aus ihren Augen trinken
Und vergib mir meines Herzens Jammer.
Sieh mich vor Dir knien in meiner Kammer,
einst durch sie der seligste der Orte.
Neige Dich dem Stammeln meiner Worte
und erhöre in des Sohnes Namen
Jesus Christus mich in Gnaden. Amen.

Und nun will ich auf den Acker gehn,
und du, Herre Tod, darfst bei mir stehn.

Jedermann

(Das Spiel vom Sterben des reichen Mannes, Nachdichtung von Hugo von Hofmannsthal)

Die Eingangsszene, Mittelszene und Schlußszene

Spielansager
(tritt vor und sagt das Spiel an)
Jetzt habet allsamt Achtung, Leut,
Und hört, was wir vorstellen heut!
Ist als ein geistlich Spiel bewandt,
Vorladung Jedermanns ist es zubenannt.
Darin euch wird gewiesen werden,
Wie unsere Tag und Werk auf Erden
Vergänglich sind und hinfällig gar.
Der Hergang ist schön und klar,
Der Stoff ist kostbar von dem Spiel,
Dahinter aber liegt noch viel,
Das müßt ihr zu Gemüt führen
Und aus dem Inhalt die Lehr ausspüren.

Gott der Herr
(wird sichtbar auf seinem Thron und spricht)
Fürwahr, mag länger das nit ertragen,
Daß alle Kreatur gegen mich

Ihr Herz verhärtet böslich,
Daß sie ohn einige Furcht vor mir
Schmählicher hinleben als das Getier.
Des geistlichen Auges sind sie erblindt,
In Sünd ersoffen, das ist, was sie sind,
Und kennen mich nit für ihren Gott,
Ihr Trachten geht auf irdisch Gut allein,
Und was darüber, das ist ihr Spott,
Und wie ich sie mir anschau zur Stund,
So han sie rein vergessen den Bund,
Den ich mit ihnen aufgericht hab,
Da ich am Holz mein Blut hingab.
Auf daß sie sollten das Leben erlangen,
Bin ich am Marterholz gehangen.
Hab ihnen die Dörn aus dem Fuß getan
Und auf meinem Haupt sie getragen als Kron.
Soviel ich vermocht, hab ich vollbracht,
Und nun wird meiner schlecht geacht.
Darum will ich in rechter Eil
Gerichtstag halten über sie
Und Jedermann richten nach seinem Teil.
Wo bist du, Tod, mein starker Bot? Tritt vor mich hin.

Tod

Allmächtiger Gott, hier sieh mich stehn,
Nach deinem Befehl werd ich botengehn.

Gott

Geh du zu Jedermann und zeig in meinem Namen ihm an,
Er muß eine Pilgerschaft antreten
Mit dieser Stund und heutigem Tag,
Der er sich nicht entziehen mag.
Und heiß ihn mitbringen sein Rechenbuch
Und daß er nicht Aufschub, noch Zögerung such.

Tod

Herr, ich will die ganze Welt abrennen
Und sie heimsuchen, Groß und Klein,
Die Gotts Gesetze nit erkennen
Und unter das Vieh gefallen sein.
Der sein Herz hat auf irdisch Gut geworfen,

Den will ich mit einem Streich treffen,
Daß seine Augen brechen
Und er nit findt die Himmelspforten,
Es sei denn, daß Almosen und Mildtätigkeit
Befreundt ihm wären und hilfsbereit.

Mittelszene

Jedermann
Ach Gott, wie graust mir vor dem Tod,
Der Angstschweiß bricht mir aus vor Not,
Kann der die Seel im Leib uns morden,
Was ist denn gählings aus mir worden?
Hab immer doch in bösen Stunden
Mir irgend einen Trost ausgfunden.
War nie verlassen ganz und gar,
Nie kein erbärmlich armer Narr.
War immer wo doch noch ein Halt
Und habs gewendet mit Gewalt.
Sind all denn meine Kräft dahin,
Und alls verworren schon mein Sinn,
Daß mich kaum mehr besinnen kann,
Wer bin ich denn: der Jedermann,
Der reiche Jedermann allzeit.
Das ist mein Hand, das ist mein Kleid,
Und was da steht auf diesem Platz,
Das ist mein Geld, das ist mein Schatz,
Durch den ich jederzeit mit Macht
Hab alles spielend vor mich bracht.
Nun wird mir wohl, daß ich den seh
Recht bei der Hand in meiner Näh.
Wenn ich bei dem verharren kann,
Geht mich kein Graus und Ängsten an.
Weh aber, ich muß ja dorthin,
Das kommt mir jählings in den Sinn.
Der Bot war da, die Ladung ist geschehn,
Nun heißt es auf und dorthin gehn.

Schlußszene

Jedermann
(schließt die Augen)
>Nun muß ich ins Grab, das ist schwarz wie die Nacht,
>Erbarm dich meiner in deiner Allmacht.

Glaube
>Ich steh dir nah und seh dich an.

Werke
>Und ich geh mit, mein Jedermann.

Jedermann
>O Herr und Heiland, steh mir bei,
>Zu Gott ich um Erbarmen schrei.

Werke
(hilft ihm ins Grab, steigt dann zu ihm hinein)
>Herr, laß das Ende sanft uns sein,
>Wir gehen in deine Freuden ein.

Jedermann
(im Grabe, nur Haupt und Schultern sind noch sichtbar)
>Wie du mich hast zurückgekauft,
>So wahre jetzt der Seele mein.
>Daß sie nit mög verloren sein
>Und daß sie am Jüngsten Tag auffahr
>Zu dir mit der geretteten Schar.

(Er versinkt)

Glaube
>Nun hat er vollendet das Menschenlos,
>Tritt vor den Richter, nackt und bloß,
>Und seine Werke allein,
>Die werden ihm Beistand und Fürsprech sein.
>Heil ihm, mich dünkt, es ist an dem,
>Daß ich der Engel Stimmen vernehm,
>Wie sie in ihren himmlischen Reihn
>Die arme Seele lassen ein.

(Engel singen)

Aus den Fastnachtsspielen des Hans Sachs

1. Aus: Der fahrend Schüler im Paradeis.

(Ein aus Paris kommender fahrender Schüler prellt eine einfältige Bäuerin um Geld und Lebensmittel, um sie angeblich ihrem verstorbenen Mann ins Paradies – sie mißversteht den Namen Paris – zu bringen. Der Bauer setzt dem Schüler nach und wird auch noch um sein Pferd geprellt.)

Die Bäuerin spricht:
    Seht, lieber Herr, was hör' ich sagen,
    Ihr kommet her vom Paradeis?
    Da möcht' ich fragen Euch mit Fleiß,
    Saht meinen Mann ihr nicht darin?
    Er starb, Gott sei's geklagt, dahin,
    Es ist nun bald ein volles Jahr,
    Weil er so frumm und einfach war,
    Hoff' ich, er sei dahin gefahren.

Der fahrende Schüler spricht:
    Seht, dort so viele Seelen waren,
    Drum, liebe Frau, sagt mir das Kleid,
    In dem er zog zur Ewigkeit;
    Vielleicht kann ich ihn dran erkennen.

Die Bäuerin spricht:
    Nicht schwierig ist's, Euch das zu nennen:
    Er hatt' Euch einen blauen Hut
    Und ein Laken, das noch ziemlich gut;
    So ward er in das Grab gethan.
    Sonst hatt' er keine Kleidung an,
    Wenn ich die Wahrheit sagen soll.

Der fahrende Schüler spricht:
    O liebe Frau, den kenn' ich wohl,
    Er geht umher dort ohne Schuh'
    Und hat nicht Hos' und Hemd dazu,
    Geht so, wie er ins Grab gelegt.
    Den blauen Hut er immer trägt
    Und thut sich in das Laken hüllen.
    Wenn andre prassen und sich füllen,
    So hat er keinen Heller nicht,

Sieht zu mit sehnendem Gesicht
Und muß nur vom Almosen leben,
Das ihm die andern Seelen geben;
So elend geht's ihm, auf mein Wort.

Die Bäuerin spricht:
O Mann, bist du so elend dort,
Hast keinen Pfennig zu einem Bade?
Wie leid ist's mir, wie jammerschade,
Daß du solch' Armut dort mußt leiden.
Ach, lieber Herr, thut mich bescheiden,
Kehrt Ihr zurück zum Paradeise?

Der fahrende Schüler spricht:
Morgen tret' ich an die Reise
Und komm' hinein in vierzehn Tagen.

Die Bäuerin spricht:
Ach, wollt Ihr etwas mit Euch tragen,
Es hinzubringen meinem Mann?

Der fahrende Schüler spricht:
Ganz gern nehm' ich den Auftrag an,
Doch was Ihr thun wollt, thut in Eile.

Die Bäuerin spricht:
Geduldet, Herr, Euch eine Weile,
Daß ich etwas zusammentrage.
(Sie geht hinaus.)

Der fahrende Schüler redet mit sich selbst und spricht:
Sie ist voll Einfalt ohne Frage
Und kommt für mich jetzt grade recht;
Wenn sie viel Geld und Kleider bräucht'
So wäre das für mich nicht schlecht;
Ich trollte mich wohl bald hinaus,
Bevor der Bauer käm' ins Haus.
Er kann das Ding mir leicht verderben.
Den Alten hoff' ich zu beerben.

(Die Bäuerin gibt dem Schlauberger Lebensmittel und Geld sowie Kleidungsstücke. Als der Bauer nach Hause kommt, merkt er, was vorgefallen ist.)

Der Bauer spricht zu sich selbst:
>Ach Gott, was hab' ich für ein Weib,
>Sie ist fürwahr an Seel' und Leib
>Ein Stockfisch und ein halber Narre.
>So dumm ist kein' in unsrer Pfarre.
>Sie läßt sich überreden leider,
>Schickt ihrem Manne Geld und Kleider,
>Der schon ein Jahr gestorben ist,
>Durch dieses Schülers arge List.
>Ich reit' ihm nach, ihn zu erjagen
>Und ihm das Fell dann voll zu schlagen;
>Ich werf' ihn nieder auf das Feld
>Und nehm' ihm wieder Kleid und Geld.
>Dann reit' ich heim: da soll mein Weib
>Die Fäuste spüren auf ihrem Leib,
>Und blaue Augen soll es geben,
>Daß ihre Thorheit sie merk' eben.
>An ihr ist all mein Glück verdorben!
>Ach, daß ich hab' um sie geworben,
>Gereut mich alle meine Tage;
>Ich wollt', sie hätt' St. Urbans Plage!

Die Bäuerin schreit draußen:
>Sitz' auf, das Roß ist schon bereit.
>Fahr' hin, Gott gebe dir Geleit!
>*(Sie gehen beide ab.)*

2. Aus: Das Kälberbrüten

Die Bäuerin tritt ein, redet mit sich selbst und spricht:
>Ich Arme, was fang' ich nur an?
>Ich hab' einen liederlichen Mann,
>Verdrossen und lästig in allen Dingen,
>Ich kann ihn aus dem Bett nicht bringen,
>So träg' ist er und stinkend faul,
>Und schnarcht des Nachts gleich einem Gaul.
>Ich bat ihn, recht früh aufzustehn,
>Denn früh wollt' in die Stadt ich gehn,
>Um Milch und Eier hinzutragen,
>Stand auf, eh' es begann zu tagen,

Damit recht früh ich wäre dort,
Hab' auch gemolken die Kuh sofort,
Will auf den Weg mich machen eben –
Da will mein Narr sich nicht erheben.
Kein Wunder wär' es, wenn allein
Vor Wut ich nähme einen Stein.
Ich weck' ihn bei den Haaren sein
Und schärfe dann dem Narren ein,
Daß er das Haus soll wohl versorgen.

(Was dem Bauern während der Abwesenheit der Bäuerin passiert, schildert er in der Schlußszene:)

Der Bauer spricht:
Ach, soll ich nicht von Unglück sagen?
Verschlafen hab' ich heute früh
Den Hirtenruf und ließ das Vieh
Statt auf die Weid' in unsern Garten;
Als ich des Essens wollte warten,
Fiel in den Brunnen unser Kalb;
Ihr seht, das Unglück blieb nicht halb.
Und als ich fand das Tier ertrunken,
Da wär' ich fast vor Leid versunken.
In solchem Kummer fiel mir bei,
Der Gäns' und Hühner Art es sei,
Daß ihre Eier Junge bringen;
Sollt' es mit Käse nicht gelingen,
Daß Kälber man draus brüten kann?
So nahm ich mich des Brütens an
Und hab' auf Käse mich gesetzt.
Und hättet Ihr zu guterletzt
Mich nicht gestört in meiner Brut,
Gewonnen hätt' ich großes Gut.

Die Bäuerin spricht:
Du bist der allergrößte Narre,
Den's geben kann in unsrer Pfarre,
Hinaus, hack' Holz, du fauler Tropf,
Sonst giebt's den Knüppel an den Kopf!
Das Kalb schlag' ich dir noch vom Hals.
Geh' hin, hack' Holz und halt' dein Maul!

Der Pfaffe spricht:
>Du bist ein grober Ackergaul,
>Daß du so anfährst deinen Mann.

Der Bauer spricht:
>Das, lieber Herr, ich sagen kann,
>Ihr Scheltwort ich ganz gern ertrüge,
>Wenn sie mich nur nicht rauft' und schlüge.

Der Pfaffe spricht:
>O Grete, was muß ich erfahren?

Die Bäuerin spricht:
>Ja, Streiche kann ich ihm nicht sparen,
>Bringt Unheil er und Schaden mir.
>Soll ihm wohl danken noch dafür?
>Oft sperr' ich ihn in meine Kammer
>Und lass' ihn fühlen des Lebens Jammer.

Die Bäuerin spricht zum Bauern:
>Mit dir betrog mich arg der Teufel,
>Du Narr! Geschwind zum Hofe lauf'!
>Und hackst du mir das Holz nicht auf,
>So gibt's kein Essen, denk' an mich,
>Und mit der Faust bezahl' ich dich,
>Und säß' der Pfaffe selbst auf dir.
>Den gebrüteten Käse bringe mir,
>Ich möcht' ihn in das Maul dir stoßen!
>Was hilft's, daß ich mich thu' erbosen,
>Es hilft nun einmal nichts bei dir,
>Den größten Schaden thu' ich m i r,
>Muß doch mit dir behaftet sein. –
>Ins Wirtshaus lauf' und hol' uns Wein,
>Damit das Marktgeld wir verzechen
>Zusammen, uns am Weine rächen
>Und dann vergessen des Ungemachs.
>Glück kommt auch wieder – spricht Hans Sachs.

Das Drama Shakespeares

Shakespeare: König Lear

Eingangsszene I. 1

Lear: Derweil enthülln Wir, was noch dunkel ist
   Von unserm Plan. Die Karte! – Wißt, wir teilten
   Das Reich in drei. 's ist Unser fester Schluß,
   Von Unserm Alter Sorg' und Müh' zu schütteln,
   Sie jüngrer Kraft vertrauend, während Wir
   Zum Grab entbürdet wanken. Sohn von Cornwall,
   Und Ihr gleich sehr geliebter Sohn Albanien,
   Wir sind jetzt fest gewillt, bekannt zu geben
   Der Töchter Mitgift, künftigem Streit zu steuern. –
   Die Fürsten auch von Frankreich und Burgund,
   Rivalen um der jüngsten Tochter Gunst,
   Verweilten lange hier in Liebeswerbung
   Und harrn auf Antwort. – Sagt mir, meine Töchter,
   – Da Wir Uns jetzt entäußern der Regierung,
   Des Landbesitzes und der Staatsgeschäfte –,
   Welche von euch liebt Uns nun wohl am meisten?
   Daß Wir die reichste Gabe spenden, wo
   Verdienst sie und Natur heischt. Goneril,
   Du Erstgeborne, sprich zuerst!
Goneril: Mein Vater,
   Mehr lieb' ich Euch, als Worte je umfassen,
   Weit inniger als Licht und Luft und Freiheit,
   Mehr, als was reich und selten, weniger nicht
   Als Lebens Wohlsein, Schönheit, Anmut, Ehre,
   Wie Liebe je ein Kind gab, je ein Vater
   Sie fand. Der Hauch ist arm, die Sprache stumm,
   Weit mehr, als alles das, lieb' ich Euch noch.
Cordelia (beiseite): Was soll Cordelia tun? Sie liebt und schweigt.
Lear: All dies Gebiet, von dem zu jenem Strich,
   An schatt'gen Forsten und Gefilden reich,
   An vollen Strömen, weitgedehnten Tristen,
   Beherrsche: deinen und Albaniens Sprossen

Sei dies auf ewig! – Was sagt Unsre zweite Tochter,
Die teure Regan, Corwalls Gattin? Sprich!
Regan: Ich bin vom selben Stoff wie meine Schwester
Und schätze mich ihr gleich. Mein treues Herz
Fühlt, all mein Lieben hat sie Euch genannt;
Nur bleibt sie noch zurück: denn ich erkläre
Mich als die Feindin jeder andern Lust,
Die in der Sinne reichstem Umkreis wohnt,
Und fühl' in Eurer teuren Hoheit Liebe
Mein einzig Glück.
Cordelia (beiseite): Arme Cordelia dann!
Und doch nicht arm; denn meine Lieb', ich weiß,
Wiegt schwerer als mein Wort.
Lear: Dir und den Deinen bleib' als Erb' auf immer
Dies zweite Drittteil Unsers schönen Reichs,
An Umfang, Wert und Anmut minder nicht,
Als was ich Gonril gab. – Nun Unsre Freude,
Du jüngste, nicht geringste, deren Liebe
Die Weine Frankreichs und die Milch Burgunds
Nachstreben: was sagst du, dir zu gewinnen
Ein reichres Drittteil als die Schwestern? Sprich!
Cordelia: Nichts, gnäd'ger Herr!
Lear: Nichts?
Cordelia: Nichts!
Lear: Nichts kann nichts werden: rede noch einmal!
Cordelia: Ich Unglücksel'ge, ich kann nicht mein Herz
Auf meine Lippen heben; Eure Hoheit
Lieb' ich nach meiner Pflicht, nicht mehr, nicht minder.
Lear: Wie? Wie? Cordelia! Beßre deine Rede,
Sonst schadst du deinem Glück.
Cordelia: Mein teurer Herr,
Ihr zeugtet, pflegtet, liebtet mich; und ich
Erwidre Euch all dies so, wie ich soll:
Gehorch' Euch, lieb' Euch und verehr' Euch hoch.
Wozu den Schwestern Männer, wenn sie sagen,
Sie lieben Euch nur? Würd' ich je vermählt,
So folgt' dem Mann, der meinen Schwur empfing,
Halb meine Treu', halb meine Lieb' und Pflicht.
Gewiß, nie werd' ich frein wie meine Schwestern,
Den Vater nur allein zu lieben.

Lear: Und kommt dir das von Herzen?
Cordelia: Ja, mein Vater!
Lear: So jung und so unzärtlich?
Cordelia: So jung, Herr, und so wahr.
Lear: Sei's drum. Nimm deine Wahrheit dann zur Mitgift:
    Denn bei der Sonne heil'gem Strahlenkreis,
    Bei Hekates Mysterien und der Nacht,
    Bei allen Kräften der Planetenbahn,
    Durch die wir leben und dem Tod verfallen,
    Sag' ich mich los hier aller Vaterpflicht,
    Aller Gemeinsamkeit und Blutsverwandtschaft,
    Und wie ein Fremdling meiner Brust und mir
    Sei ewig du von jetzt. Der rohe Szythe,
    Ja, der die eignen Kinder macht zum Fraß,
    Zu sätt'gen seine Gier, soll meinem Herzen
    So nah' stehn, gleichen Trost und Mitleid finden,
    Als du, mein weiland Kind.
Kent: O edler König!
Lear: Schweig, Kent!
    Zwischen den Drachen nicht und seinen Grimm
    Tritt du! Sie war mein Liebling, alles setzt' ich
    Auf ihre Zärtlichkeit. Mir aus den Augen!
    Sei Friede so mein Grab, wie ich von ihr
    Mein Vaterherz losreiße. – Ruft mir Frankreich! –
    Wer rührt sich? – Ruft Burgund! – Albanien, Cornwall,
    Zu meiner Töchter Mitgift schlagt dies Dritteil!
    Stolz, den sie Gradheit nennt, schaff ihr 'nen Mann!
    Euch beide kleid' ich hier in meine Macht,
    Vorrang der Würde und den höchsten Glanz,
    Der Majestät umgibt. Wir, nach der Monde Lauf,
    Mit Vorbehalt allein von hundert Rittern,
    Die ihr erhaltet, wohnen dann bei euch,
    Nach Ordnung wechselnd. Wir bewahren nur
    Den Namen und des Königs Ehrenrecht; –
    Die Macht,
    Verwaltung, Rent' und alle Staatsgewalt,
    Geliebte Söhn', ist euer. Des zum Zeugnis
    Teilt diesen goldnen Reif.

(Nachdem König Lear sein Königreich und all seine Besitzungen an seine Töchter Goneril und Regan verteilt hat, ist der nunmehr Besitzlose auf die Gnade seiner Töchter angewiesen; aber seine Hoffnung erweist sich als Irrtum: hart und gefühllos versagen sie ihm nicht nur das ausbedungene Ehrengeleit, sondern verschließen ihm auch ihre Tore, und lassen den alten, hilflosen Greis, dessen Verstand sich verzweifelt gegen den aufkommenden Wahnsinn wehrt, bei Sturm, Blitz und Donner auf der Heide umherirren. In seinem Wahnsinn sitzt er über die undankbaren Töchter zu Gericht.)

Szenen des dritten Aktes (III. 2,6)

Heide. Sturm, Blitz und Donner. Fortdauerndes Ungewitter. Es treten auf Lear und der Narr.

Lear: Blast, Wind, und sprengt die Backen! Wütet! Blast!
 Ihr Katarakt' und Wolkenbrüche, speit,
 Bis ihr die Türm' ersäuft, die Höhn' ertränkt!
 Ihr schweflichten, gedankenschnellen Blitze,
 Vortrab dem Donnerkeil, der Eichen spaltet,
 Versengt mein weißes Haupt! Du Donner, schmetternd,
 Schlag flach das mächt'ge Rund der Welt; zerbrich
 Die Schöpfungsform, vertilge jäh im Keim
 Die undankbaren Menschen!
 Rumple dich satt! Spei Feuer, flute, Regen!
 Nicht Regen, Wind, Blitz, Donner sind mir Töchter.
 Euch schelt' ich grausam nicht, ihr Elemente.
 Euch gab ich Kronen nicht, nannt' euch nicht Kinder,
 Euch bindet kein Gehorsam; darum büßt
 Die grause Lust: Hier steh' ich, euer Sklav',
 Ein alter Mann, arm, elend, siech, verachtet.
 Und dennoch knecht'sche Helfer nenn' ich euch,
 Die ihr im Bund mit zwei verruchten Töchtern
 Lenkt eure hohen Schlachtreihn auf ein Haupt
 So alt und weiß wie dies. O, es ist schändlich!
 Mein Geist beginnt zu schwindeln ... Der Sturm in meinem Geist
 Raubt meinen Sinnen jegliches Gefühl,
 Nur das bleibt, was hier wühlt – Undank des Kindes!
 Als ob der Mund zerfleischte diese Hand,

Weil sie ihm Nahrung bot! In solcher Nacht
Mich aussperrn! – Gieß, ich duld's! – In solcher Nacht!
O Regan, Gonril! Euren alten Vater!
Der euch großherzig, gütig alles gab –
O auf dem Weg liegt Wahnsinn! Dahin nicht!
Ich bin ein Mann, an dem man mehr gesündigt,
Als er sündigte. Ich will beten und dann schlafen.

*

Lear: Nun das Verhör! Bringt mir die Zeugen her!
(zu Edgar) Du, Ratsherr im Talar, nimm deinen Platz!
(zum Narren) Und Du, sein Amtsgenoß der Richterwürde,
    Sitz ihm zur Seite!
(zu Kent) Ihr seid Geschworener, so setzt Euch gleichfalls!
    Sprecht über die zuerst: 's ist Goneril. Ich schwöre hier
    vor dieser ehrenwerten Versammlung, sie hat den armen König,
    ihren Vater, mit Füßen getreten.
Narr: Kommt, Lady, ist Euer Name Goneril?
Lear: Sie kann's nicht leugnen.
Narr: Verzeiht, ich hielt Euch für 'nen Sessel.
Lear. Und hier noch eine, deren scheeler Blick
    Ihr finstres Herz verrät . . . Laßt Regan anatomieren und sehn,
    was in ihrem Herzen brütet. Gibt's irgendeine Ursach' in der
    Natur, die solche harten Herzen hervorbringt? Macht keinen
    Lärm, zieht den Vorhang zu, so, so; wir wollen zur Abendtafel
    morgen früh gehn, so, so, so.
Narr: Bitt dich, Gevatter, sag mir, ist ein toller Mann ein Edelmann oder ein
    Bürgersmann?
Lear. Ein König, ein König!

Szene IV. 7

(Nur Lears Lieblingstochter Cordelia, die aber bei der Reichsverteilung leer ausging und von Lear verstoßen wurde, weil sie, von den glatten Schmeicheleien ihrer beiden Schwestern angewidert, nicht sich in gleicher Weise scheinheilig und habgierig geben wollte, aber ihren Vater wirklich liebt, nimmt sich des armen Verstoßenen an.)

Cordelia: Was macht der König?
Arzt: Er schläft noch, Fürstin!
Cordelia: Güt'ge Götter, heilt
    Den großen Riß des schwer gekränkten Geistes!
    Der Sinne rauhen Mißklang, stimmt ihn rein
    Dem Kind gewordnen Vater!
Arzt: Gefällt's Eu'r Hoheit,
    Daß wir den König wecken? er schlief lang.
Cordelia: Folgt Eurer Einsicht und verfahrt durchaus
    Nach eignem Willen. Ist er angekleidet?
    (Diener bringen den schlafenden Lear in einem Sessel herein.)
Edelmann: Ja, gnäd'ge Frau, in seinem tiefen Schlaf
    Versahn wir ihn mit frischen Kleidern.
Arzt: Bleibt, gnäd'ge Königin, bis wir ihn wecken;
    Ich zweifle nicht an mildrer Stimmung.
Cordelia: Wohl!
Arzt: Gefällt's Euch, näher! – Lauter die Musik!
Cordelia: Mein teurer Vater! O Genesung, gib
    Heilkräfte meinen Lippen; dieser Kuß
    Lindre den grimmen Schmerz, mit dem die Schwestern
    Dein Alter kränkten!
Kent: Güt'ge, liebe Fürstin!
Cordelia: Warst du ihr Vater nicht – dies Silberhaar
    Verlangte Mitleid. Oh, war dies ein Haupt,
    Dem Sturm der Elemente preiszugeben?
    Dem furchtbar lauten Donner? – Standzuhalten
    Dem höchst graunvollen, schnell beschwingten Flug
    Gekreuzter Blitze? Meines Feindes Hund,
    Und hätt' er mich gebissen, die Nacht durft' er
    An meinem Feuer stehn – und dir, mein Vater,
    Genügte faules, kurzes Stroh bei Schweinen
    Und vogelfreiem Volk! Ach Gott! Ach Gott!
    Ein Wunder, daß dein Leben nicht zugleich
    Mit deinen Sinnen schied. Er wacht: sprecht zu ihm!
Arzt: Tut Ihr's, Mylady! 's ist am besten.
Cordelia: Was macht mein königlicher Herr? Wie geht's
    Eu'r Majestät?
Lear: 's ist unrecht, daß ihr aus dem Grab mich nehmt.
    Du bist ein sel'ger Geist, ich bin gebunden
    Auf einem Feuerrad, das meine Tränen
    Durchglühn wie flüssig Blei.

Cordelia: Herr! Kennt ihr mich?
Lear: Du bist ein Geist, ich weiß es wohl – wann starbst du?
Cordelia: Noch immer weit, weit weg!
Arzt: Er ist kaum wach, laßt ihn ein Weilchen ruhig.
Lear: Wo war ich denn? Wo bin ich? – Heller Tag? –
  Man täuscht mich arg – ich stürbe wohl vor Mitleid,
  Erblickt' ich andre so – wie ist mir doch?
  Ich will nicht schwören, dies sei meine Hand –
  Laß sehn! Ich fühle diese Radel. Wär' ich
  Doch sicher meines Zustands! –
Cordelia (kniet vor ihm nieder): Oh, seht auf mich!
  Hebt Eure Hand zum Segen über mich!
  (Lear kniet ebenfalls nieder.)
  Nein, Herr, Ihr müßt nicht knien.
Lear: Nicht spottet meiner!
  Ich bin ein schwacher, kind'scher, alter Mann,
  Achtzig und drüber: keine Stunde mehr
  Noch weniger, und grad' heraus,
  Ich fürchte fast, ich bin nicht recht bei Sinnen.
  Mich dünkt, ich kenn' Euch, kenn' auch diesen Mann,
  Doch zweifl' ich noch, denn ich begreif' es nicht,
  An welchem Ort ich bin; all mein Verstand
  Entsinnt sich dieser Kleider nicht, noch weiß ich,
  Wo ich die Nacht schlief. Lacht nicht über mich,
  Denn ich, so sicher ich ein Mann bin, halte
  Die Dame für mein Kind Cordelia.
Cordelia: Ich bin es, ja! Ich bin's! –
Lear: Sind deine Tränen naß? Ja, wirklich! Bitte,
  Wein' nicht! Hast du ein Gift für mich, ich trink's.
  Ich weiß, du liebst mich nicht; denn deine Schwestern,
  Soviel ich mich erinnre, kränkten mich;
  Du hattest Grund, sie nicht.
Cordelia: Kein Grund! Kein Grund!
Lear: Bin ich in Frankreich?
Cordelia: Nein, in Euerm Reich!
Lear: Betrügt mich nicht!
Arzt: Seid ruhig, hohe Frau!
  Die große Wut ist, wie Ihr seht, geheilt;
  Doch wär's gefährlich, die verlorne Zeit
  Ihm zu erklären. Führt ihn jetzt hinein
  Und stört ihn nicht, bis er sich mehr erholt.

Cordelia: Beliebt es Euch, hineinzugehn, mein König?
Lear: O habt Geduld mit mir! Bitte, vergeßt,
　　Vergebt, denn ich bin alt und kindisch.

Shakespeare: Der Hamlet-Monolog (III,1)

Hamlet: Sein oder Nichtsein, ja, das ist die Frage:
　　Ob's edler, im Gemüte zu erdulden
　　Des zorn'gen Schicksals Pfeil' und Schleudern, oder,
　　Sich waffnend gegen eine See von Plagen,
　　Durch Widerstand sie enden. Sterben – schlafen –
　　Nichts weiter! – Und zu wissen, daß ein Schlaf
　　Das Herzweh und die tausend Stöße endet,
　　Die unsers Fleisches Erbteil – 's ist ein Ziel,
　　Aufs innigste zu wünschen. Sterben – schlafen –
　　Schlafen! Vielleicht auch träumen! – Ja, da liegt's:
　　Was in dem Todesschlaf für Träume kommen,
　　Wenn wir den Drang des Ird'schen abgeschüttelt,
　　Das zwingt uns still zu stehn. Das ist die Rücksicht,
　　Die Elend läßt zu hohen Jahren kommen.
　　Denn wer ertrüg' der Zeiten Spott und Geißel,
　　Des Mächt'gen Druck, des Stolzen Mißhandlungen,
　　Verschmähter Liebe Pein, des Rechtes Aufschub,
　　Den Übermut der Amtsgewalt, die Schmach,
　　Die stumm Verdienst von den Unwürd'gen hinnimmt,
　　Wenn er sich selbst in Ruhstand setzen könnte
　　Mit jedem Ding von Stahl? Wer trüge Lasten
　　Und stöhnt' und schwitzte unter Lebensmüh'?
　　Nur daß die Furcht vor etwas nach dem Tod –
　　Das unentdeckte Land, von des Bezirk
　　Kein Wandrer wiederkehrt – den Willen irrt,
　　Daß wir die Übel, die wir haben, lieber
　　Ertragen, als zu unbekannten fliehn.
　　So macht Bewußtsein Feige aus uns allen;
　　Und des Entschließens angeborne Farbe
　　Wird von Gedankens Blässe angekränkelt;
　　Und Unternehmungen voll Mark und Nachdruck,
　　Durch diese Rücksicht aus der Bahn gelenkt,
　　Verlieren so der Handlung Namen. –

Das Drama der Aufklärung und des Sturm und Drang

Gotthold Ephraim Lessing: Nathan der Weise (III,7)

Nathan. Vor grauen Jahren lebt' ein Mann in Osten,
    Der einen Ring von unschätzbarem Wert
    Aus lieber Hand besaß. Der Stein war ein
    Opal, der hundert schöne Farben spielte,
    Und hatte die geheime Kraft, vor Gott
    Und Menschen angenehm zu machen, wer
    In dieser Zuversicht ihn trug. Was Wunder,
    Daß ihn der Mann in Osten darum nie
    Vom Finger ließ; und die Verfügung traf,
    Auf ewig ihn bei seinem Hause zu
    Erhalten? Nämlich so. Er ließ den Ring
    Von seinen Söhnen dem geliebtesten;
    Und setzte fest, daß dieser wiederum
    Den Ring von seinen Söhnen dem vermache,
    Der ihm der liebste sei; und stets der liebste,
    Ohn' Ansehn der Geburt, in Kraft allein
    Des Rings, das Haupt, der Fürst des Hauses werde. –
    Versteh mich, Sultan.
Saladin. Ich versteh dich. Weiter!
Nathan. So kam nun dieser Ring, von Sohn zu Sohn,
    Auf einen Vater endlich von drei Söhnen;
    Die alle drei ihm gleich gehorsam waren,
    Die alle drei er folglich gleich zu lieben
    Sich nicht entbrechen konnte. Nur von Zeit
    Zu Zeit schien ihm bald der, bald dieser, bald
    Der dritte, – sowie jeder sich mit ihm
    Allein befand, und sein ergießend Herz
    Die andern zwei nicht teilten, – würdiger
    Des Ringes; den er denn auch einem jeden
    Die fromme Schwachheit hatte, zu versprechen.
    Das ging nun so, solang es ging. – Allein
    Es kam zum Sterben, und der gute Vater
    Kömmt in Verlegenheit. Es schmerzt ihn, zwei
    Von seinen Söhnen, die sich auf sein Wort
    Verlassen, so zu kränken. – Was zu tun? –

> Er sendet in geheim zu einem Künstler,
> Bei dem er, nach dem Muster seines Ringes,
> Zwei andere bestellt, und weder Kosten
> Noch Mühe sparen heißt, sie jenem gleich,
> Vollkommen gleich zu machen. Das gelingt
> Dem Künstler. Da er ihm die Ringe bringt,
> Kann selbst der Vater seinen Musterring
> Nicht unterscheiden. Froh und freudig ruft
> Er seine Söhne, jeden insbesondre;
> Gibt jedem insbesondere seinen Segen, –
> Und seinen Ring, – und stirbt. – Du hörst doch,
> Sultan?

Saladin (der sich betroffen von ihm gewandt).
> Ich hör, ich höre! – Komm mit deinem Märchen
> Nur bald zu Ende. – Wird's?

Nathan. Ich bin zu Ende.
> Denn was noch folgt, versteht sich ja von selbst. –
> Kaum war der Vater tot, so kömmt ein jeder
> Mit seinem Ring, und jeder will der Fürst
> Des Hauses sein. Man untersucht, man zankt,
> Man klagt. Umsonst; der rechte Ring war nicht
> Erweislich; – *(nach einer Pause, in welcher er des Sultans Antwort erwartet)*
> Fast so unerweislich, als
> Uns itzt – der rechte Glaube.

Saladin. Wie? das soll
> Die Antwort sein auf meine Frage?...

Nathan. Soll
> Mich bloß entschuldigen, wenn ich die Ringe
> Mir nicht getrau zu unterscheiden, die
> Der Vater in der Absicht machen ließ,
> Damit sie nicht zu unterscheiden wären.

Saladin. Die Ringe! – Spiele nicht mit mir! – Ich dächte,
> Daß die Religionen, die ich dir
> Genannt, doch wohl zu unterscheiden wären.
> Bis auf die Kleidung, bis auf Speis' und Trank!

Nathan. Und nur von seiten ihrer Gründe nicht. –
> Denn gründen alle sich nicht auf Geschichte?
> Geschrieben oder überliefert! – Und
> Geschichte muß doch wohl allein auf Treu

Und Glauben angenommen werden? – Nicht? –
Nun, wessen Treu und Glauben zieht man denn
Am wenigsten in Zweifel? Doch der Seinen?
Doch deren Blut wir sind? doch deren, die
Von Kindheit an uns Proben ihrer Liebe
Gegeben? die uns nie getäuscht, als wo
Getäuscht zu werden uns heilsamer war? –
Wie kann ich meinen Vätern weniger
Als du den deinen glauben? Oder umgekehrt. –
Kann ich von dir verlangen, daß du deine
Vorfahren Lügen strafst, um meinen nicht
Zu widersprechen? Oder umgekehrt.
Das nämliche gilt von den Christen. Nicht? –
Saladin. (Bei dem Lebendigen! Der Mann hat recht.
Ich muß verstummen.)
Nathan. Laß auf unsre Ring'
Uns wieder kommen. Wie gesagt: die Söhne
Verklagten sich; und jeder schwur dem Richter,
Unmittelbar aus seines Vaters Hand
Den Ring zu haben. – Wie auch wahr! – Nachdem
Er von ihm lange das Versprechen schon
Gehabt, des Ringes Vorrecht einmal zu
Genießen. – Wie nicht minder wahr! – Der Vater,
Beteurte jeder, könne gegen ihn
Nicht falsch gewesen sein; und eh' er dieses
Von ihm, von einem solchen lieben Vater,
Argwohnen lass': eh' müss' er seine Brüder,
So gern er sonst von ihnen nur das Beste
Bereit zu glauben sei, des falschen Spiels
Bezeihen; und er wolle die Verräter
Schon auszufinden wissen; sich schon rächen.
Saladin. Und nun, der Richter? – Mich verlangt zu hören,
Was du den Richter sagen lässest. Sprich!
Nathan. Der Richter sprach: Wenn ihr mir nun den Vater
Nicht bald zur Stelle schafft, so weis ich euch
Von meinem Stuhle. Denkt ihr, daß ich Rätsel
Zu lösen da bin? Oder harret ihr,
Bis daß der rechte Ring den Mund eröffne? –
Doch halt! Ich höre ja, der rechte Ring
Besitzt die Wunderkraft beliebt zu machen;

Vor Gott und Menschen angenehm. Das muß
Entscheiden! Denn die falschen Ringe werden
Doch das nicht können! – Nun; wen lieben zwei
Von Euch am meisten? Macht, sagt an! Ihr schweigt?
Die Ringe wirken nur zurück? und nicht
Nach außen? Jeder liebt sich selber nur
Am meisten? – Oh, so seid ihr alle drei
Betrogene Betrüger! Eure Ringe
Sind alle drei nicht echt. Der echte Ring
Vermutlich ging verloren. Den Verlust
Zu bergen, zu ersetzen, ließ der Vater
Die drei für einen machen.

Saladin. Herrlich! herrlich!

Nathan. Und also, fuhr der Richter fort, wenn ihr
Nicht meinen Rat, statt meines Spruches, wollt:
Geht nur! – Mein Rat ist aber der: ihr nehmt
Die Sache völlig wie sie liegt. Hat von
Euch jeder seinen Ring von seinem Vater:
So glaube jeder sicher seinen Ring
Den echten. – Möglich; daß der Vater nun
Die Tyrannei des *einen* Rings nicht länger
In seinem Hause dulden wollen! – Und gewiß;
Daß er euch alle drei geliebt, und gleich
Geliebt: indem er zwei nicht drücken mögen,
Um einen zu begünstigen. – Wohlan!
Es eifre jeder seiner unbestochnen
Von Vorurteilen freien Liebe nach!
Es strebe von euch jeder um die Wette,
Die Kraft des Steins in seinem Ring' an Tag
Zu legen! komme dieser Kraft mit Sanftmut,
Mit herzlicher Verträglichkeit, mit Wohltun,
Mit innigster Ergebenheit in Gott
Zu Hilf'! Und wenn sich dann der Steine Kräfte
Bei euern Kindes-Kindeskindern äußern:
So lad ich über tausend tausend Jahre
Sie wiederum vor diesen Stuhl. Da wird
Ein weisrer Mann auf diesem Stuhle sitzen
Als ich; und sprechen. Geht! – So sagte der
Bescheidne Richter.

Saladin. Gott! Gott!

Nathan. Saladin,
>Wenn du dich fühlest, dieser weisere
>Versprochne Mann zu sein . . .

Saladin (der auf ihn zustürzt und seine Hand ergreift,
die er bis zu Ende nicht wieder fahren läßt).
>Ich Staub? Ich Nichts?
>O Gott!

Nathan. Was ist dir, Sultan?

Saladin. Nathan, lieber Nathan!
>Die tausend tausend Jahre deines Richters
>Sind noch nicht um. – Sein Richterstuhl ist nicht
>Der meine. – Geh! – Geh! – Aber sei mein Freund.

Gotthold Ephraim Lessing: Emilia Galotti (V,7/8)

(Emilia Galotti, Tochter des Obersten Odoardo Galotti, ist das Opfer fürstlicher Willkür geworden. Sie befindet sich in der Gewalt des Prinzen von Guastalla, Hettore Gonzaga. Da sie keinen andern Ausweg weiß, der Verführung und Vergewaltigung durch den Prinzen zu entgehen, bittet sie ihren Vater, sie zu töten.)

Odoardo. Auch du hast nur ein Leben zu verlieren.

Emilia. Und nur eine Unschuld!

Odoardo. Die über alle Gewalt erhaben ist.

Emilia. Aber nicht über alle Verführung. Gewalt! Gewalt! Wer kann der Gewalt nicht trotzen? Was Gewalt heißt, ist nichts! Verführung ist die wahre Gewalt! – Ich habe Blut, mein Vater; so jugendliches, so warmes Blut als eine. Auch meine Sinne sind Sinne. Ich stehe für nichts . . Geben Sie mir, Vater, geben Sie mir diesen Dolch.

Odoardo. Nein, das ist nicht für deine Hand.

Emilia. Es ist wahr, mit einer Haarnadel soll ich . . . *(Sie fährt mit der Hand nach dem Haar, eine zu suchen, und bekommt die Rose zu fassen.)* Herunter mit dir! Du gehörst nicht in das Haar einer, – wie mein Vater will, daß ich werden soll!

Odoardo. O, meine Tochter!

Emilia. O, mein Vater, wenn ich Sie erriete! Doch nein, das wollen Sie auch nicht. Warum zauderten Sie sonst? Ehedem gab es einen Vater, der, seine Tochter von der Schande zu retten, ihr den ersten, den besten Stahl in das Herz senkte – ihr zum zweiten Mal das Leben gab. Aber alle solche Taten sind von ehedem! Solcher Väter gibt es keinen mehr!

Odoardo. Doch, meine Tochter, doch! *(Indem er sie durchsticht.)* Gott, was hab' ich getan!

Emilia. Eine Rose gebrochen, ehe der Sturm sie entblättert. – Lassen Sie mich sie küssen, diese väterliche Hand.

Der Prinz (tritt ein.) Grausamer Vater, was haben Sie getan!

Odoardo. Eine Rose gebrochen, ehe der Sturm sie entblättert. War es nicht so, meine Tochter?

Emilia. Nicht Sie, mein Vater – Ich selbst – ich selbst –

Odoardo. Nicht du, meine Tochter – nicht du! Gehe mit keiner Unwahrheit aus der Welt. Nicht du, meine Tochter! Dein Vater, dein unglücklicher Vater!

Emilia. Ah – mein Vater – *(Sie stirbt, er legt sie sanft auf den Boden.)*

Odoardo. Nun da, Prinz! Gefällt sie Ihnen noch? Reizt sie noch Ihre Lüste? Noch, in diesem Blut, das wider Sie um Rache schreit? – Sie erwarten vielleicht, daß ich den Stahl wider mich selbst kehren werde? Sie irren sich. Hier! *(Wirft ihm den Dolch vor die Füße.)* Hier liegt er. Ich gehe und liefere mich selbst ins Gefängnis. Ich gehe und erwarte Sie als Richter. – Und dann dort – erwarte ich Sie vor dem Richter unser aller!

Jakob Michael Reinhold Lenz: Der Hofmeister oder Die Vorteile der Privaterziehung

Dritte Szene

Der Majorin Zimmer.

Frau Majorin auf einem Kanapee. Läuffer in sehr demütiger Stellung neben ihr sitzend. Leopold steht.

Majorin. Ich habe mit Ihrem Herrn Vater gesprochen, und von den dreihundert Dukaten stehenden Gehalts sind wir bis auf hundertundfünfzig einig geworden. Dafür verlang ich aber auch, Herr – wie heißen Sie? – Herr Läuffer, daß Sie sich in Kleidern sauber halten und unserm Hause keine Schande machen. Ich weiß, daß Sie Geschmack haben; ich habe schon von Ihnen gehört, als Sie noch in Leipzig waren. Sie wissen, daß man heutzutage auf nichts in der Welt so sehr sieht, als ob ein Mensch sich zu führen wisse.

Läuffer. Ich hoff, Euer Gnaden werden mit mir zufrieden sein. Wenigstens hab ich in Leipzig keinen Ball ausgelassen und wohl über die fünfzehn Tanzmeister in meinem Leben gehabt.

Majorin. So? Lassen Sie doch sehen. (*Läuffer steht auf.*) Nicht furchtsam, Herr... Läuffer! Nicht furchtsam! Mein Sohn ist buschscheu genug; wenn der einen blöden Hofmeister bekommt, so ist's aus mit ihm. Versuchen Sie doch einmal, mir ein Kompliment aus der Menuett zu machen; zur Probe nur, damit ich doch sehe. – Nun, nun, das geht schon an! Mein Sohn braucht vor der Hand keinen Tanzmeister! Auch einen Pas, wenn's Ihnen beliebt. – Es wird schon gehen; das wird sich alles geben, wenn Sie einmal einer unsrer Assembleen werden beigewohnt haben... Sind Sie musikalisch?

Läuffer. Ich spiele die Geige, und das Klavier zur Not.

Majorin. Desto besser: wenn wir aufs Land gehn, und Fräulein Milchzahn besuchen uns einmal; ich habe bisher ihnen immer was vorsingen müssen, wenn die guten Kinder Lust bekamen zu tanzen: aber besser ist besser.

Läuffer. Euer Gnaden setzen mich außer mich: wo wär' ein Virtuos auf der Welt, der auf seinem Instrument Euer Gnaden Stimme zu erreichen hoffen dürfte.

Majorin. Ha ha ha, Sie haben mich ja noch nicht gehört... Warten Sie; ist Ihnen die Menuett bekannt? (*Singt.*)

Läuffer. Oh... oh... verzeihen Sie dem Entzücken, dem Enthusiasmus, der mich hinreißt. (*Küßt ihr die Hand.*)

Majorin. Und ich bin doch enrhümiert dazu; ich muß heut krähen wie ein Rabe. Vous parlez français, sans doute?

Läuffer. Un peu, Madame.

Majorin. Avez vous déjà fait vôtre tour de France?

Läuffer. Non Madame... Oui Madame.

Majorin. Vous devez donc savoir, qu'en France, on ne baise pas les mains, mon cher...

Bedienter (*tritt herein*). Der Graf Wermuth...

(*Graf Wermuth tritt herein.*)

Graf (*nach einigen stummen Komplimenten setzt sich zur Majorin aufs Kanapee. Läuffer bleibt verlegen stehen*). Haben Euer Gnaden den neuen Tanzmeister schon gesehen, der aus Dresden angekommen? Er ist ein Marchese aus Florenz, und heißt... Aufrichtig: ich habe nur zwei auf meinen Reisen angetroffen, die ihm vorzuziehen waren.

Majorin. Das gesteh ich, nur zwei! In der Tat, Sie machen mich neugierig; ich weiß, welchen verzärtelten Geschmack der Graf Wermuth hat.

Läuffer. Pintinello...nicht wahr? Ich hab ihn in Leipzig auf dem Theater tanzen sehen; er tanzt nicht sonderlich...

Majorin. Merk Er sich, mein Freund! daß Domestiken in Gesellschaft von Standespersonen nicht mitreden. Geh Er auf Sein Zimmer. Wer hat Ihn gefragt?

(Läuffer geht mit einem steifen Kompliment ab.)

Vierte Szene

Läuffers Zimmer.

Major. Bleiben Sie sitzen, Herr Läuffer; ich wollte mit Ihnen ein paar Worte allein sprechen, darum schickt' ich den jungen Herrn fort. Sie können immer sitzenbleiben; ganz, ganz. Zum Henker, Sie brechen mir ja den Stuhl entzwei, wenn Sie immer so auf einer Ecke... Dafür steht ja der Stuhl da, daß man drauf sitzen soll. Sind Sie so weit gereist und wissen das noch nicht? – Hören Sie nur: ich seh Sie für einen hübschen, artigen Mann an, der Gott fürchtet und folgsam ist, sonst würd' ich das nimmer tun, was ich für Sie tue. Hundertundvierzig Dukaten jährlich hab ich Ihnen versprochen: das macht drei – warte – dreimal hundertundvierzig: wieviel machen das?

Läuffer. Vierhundertundzwanzig.

Major. Ist's gewiß? Macht das soviel? Nun, damit wir gerade Zahl haben, vierhundert Taler preußisch Courant hab ich zu Ihrem Salarii bestimmt. Sehen Sie, das ist mehr als das ganze Land gibt.

Läuffer. Aber mit Eurer Gnaden gnädigen Erlaubnis, die Frau Majorin haben mir von hundertfünfzig Dukaten gesagt; das machte gerade vierhundertfünfzig Taler, und auf diese Bedingungen habe ich mich eingelassen.

Major. Ei, was wissen die Weiber! – Vierhundert Taler, Monsieur; mehr kann Er mit gutem Gewissen nicht fordern. Der vorige hat zweihundertfünfzig gehabt und ist zufrieden gewesen wie ein Gott. Er war doch, mein Seel! ein gelehrter Mann; auch und ein Hofmann zugleich: die ganze Welt gab ihm das Zeugnis, und Herr, Er muß noch ganz anders werden, eh' Er so wird. Ich tu es nur aus Freundschaft für Seinen Herrn Vater, was ich an Ihm tue, und um Seinetwillen auch, wenn Er hübsch folgsam ist, und werd auch schon einmal für Sein Glück zu sorgen wissen; das kann Er versichert sein. – Hör Er doch einmal: ich hab eine Tochter, das mein Ebenbild ist, und die ganze Welt gibt ihr das Zeugnis, daß ihresgleichen an Schönheit im

ganzen Preußenlande nichts anzutreffen. Das Mädchen hat ein ganz anders Gemüt als mein Sohn, der Buschklepper. Mit dem muß ganz anders umgegangen werden! Es weiß sein Christentum aus dem Grunde und in dem Grunde, aber es ist denn nun doch, weil sie bald zum Nachtmahl gehen soll, und ich weiß, wie die Pfaffen sind, so soll Er auch alle Morgen etwas aus dem Christentum mit ihr nehmen. Alle Tage morgens eine Stunde, und da geht Er auf Ihr Zimmer; angezogen, das versteht sich: denn Gott behüte, daß Er so ein Schweinigel sein sollte, wie ich einen gehabt habe, der durchaus im Schlafrock an Tisch kommen wollte. – Kann Er auch zeichnen?
Läuffer. Etwas, gnädiger Herr. – Ich kann Ihnen einige Proben weisen.
Major (besieht sie). Das ist ja scharmant! – Recht schön; gut das: Er soll meine Tochter auch zeichnen lehren. – Ich will's Ihm nur sagen: das Mädchen ist meines Herzens einziger Trost. Es ist mein einziges Kleinod, und wenn der König mir sein Königreich für sie geben wollt': ich schick' ihn fort. Alle Tage ist sie in meinem Abendgebet und Morgengebet und in meinem Tischgebet und alles in allem, und wenn Gott mir die Gnade tun wollte, daß ich sie noch vor meinem Ende mit einem General oder Staatsminister vom ersten Range versorgt sähe – denn keinen andern soll sie sein Lebtage bekommen –, so wollt' ich gern ein zehn Jahr' eher sterben. – Merk Er sich das – Und wer meiner Tochter zu nahe kommt oder ihr worin zu Leid lebt – die erste beste Kugel durch den Kopf. Merk Er sich das. - *(Geht ab.)*
(Nichtsdestoweniger macht der Hauslehrer seine gräfliche Schülerin zur Mutter, der Vater zieht die Schandbefleckte aus einem Teich, der Verführer entmannt sich aus Gewissensnot und heiratet später ein Bauernmädchen.)

Friedrich Schiller: Kabale und Liebe

Szene II, 2

Ein alter Kammerdiener des Fürsten, der ein Schmuckkästchen trägt. Die Vorigen.

Kammerdiener. Seine Durchlaucht der Herzog empfehlen sich Mylady zu Gnaden und schicken Ihnen diese Brillanten zur Hochzeit. Sie kommen soeben erst aus Venedig.
Lady (hat das Kästchen geöffnet und fährt erschrocken zurück). Mensch! was bezahlt dein Herzog für diese Steine?

Kammerdiener (mit finsterm Gesicht). Sie kosten ihn keinen Heller.
Lady. Was? Bist du rasend? *Nichts?* – und *(indem sie einen Schritt von ihm wegtritt)* du wirfst mir ja einen Blick zu, als wenn du mich durchbohren wolltest – *Nichts* kosten ihn diese unermeßlich kostbaren Steine?
Kammerdiener. Gestern sind siebentausend Landskinder nach Amerika fort – Die zahlen alles.
Lady (setzt den Schmuck plötzlich nieder und geht rasch durch den Saal, nach einer Pause zum Kammerdiener). Mann, was ist dir? Ich glaube, du weinst?
Kammerdiener (wischt sich die Augen, mit schrecklicher Stimme, alle Glieder zitternd). Edelsteine wie *diese* da – Ich hab auch ein paar Söhne drunter.
Lady (wendet sich bebend weg, seine Hand fassend). Doch keine Gezwungenen?
Kammerdiener (lacht fürchterlich). O Gott – Nein – lauter Freiwillige. Es traten wohl so etliche vorlaute Bursch' vor die Front heraus und fragten den Obersten, wie teuer der Fürst das Joch Menschen verkaufe? – aber unser gnädigster Landesherr ließ alle Regimenter auf dem Paradeplatz aufmarschieren und die Maulaffen niederschießen. Wir hörten die Büchsen knallen, sahen ihr Gehirn auf das Pflaster spritzen und die ganze Armee schrie: *Juchhe nach Amerika!* –
Lady (steht auf, heftig bewegt). Weg mit diesen Steinen – sie blitzen Höllenflammen in mein Herz. *(Sanfter zum Kammerdiener.)* Mäßige dich, armer alter Mann. Sie werden wiederkommen. Sie werden ihr Vaterland wiedersehen.
Kammerdiener (warm und voll). Das weiß der Himmel! Das werden sie! – Noch am Stadttor drehten sie sich um und schrieen: „Gott mit euch, Weib und Kinder – Es leb' unser Landesvater – am Jüngsten Gericht sind wir wieder da!" –
Lady (mit starkem Schritt auf und nieder gehend). Abscheulich! Fürchterlich! – *Mich* beredet man, ich habe sie alle getrocknet, die Tränen des Landes – Schrecklich, schrecklich gehen mir die Augen auf – Geh du – Sag deinem Herrn – Ich werd ihm persönlich danken! *(Kammerdiener will gehen, sie wirft ihm ihre Goldbörse in den Hut.)* Und das nimm, weil du mir Wahrheit sagtest –
Kammerdiener (wirft sie verächtlich auf den Tisch zurück). Legt's zu dem übrigen. *(Er geht ab.)*
Lady (sieht ihm erstaunt nach). Sophie, spring ihm nach, frag ihn um seinen Namen. Er soll seine Söhne wiederhaben. *(Sophie ab. Lady nachdenkend auf und nieder. Pause. Zu Sophien, die wiederkommt.)*

Ging nicht jüngst ein Gerüchte, daß das Feuer eine Stadt an der Grenze verwüstet und bei vierhundert Familien an den Bettelstab gebracht habe? (*Sie klingelt.*)
Sophie. Wie kommen Sie auf das? Allerdings ist es so, und die mehresten dieser Unglücklichen dienen jetzt ihren Gläubigern als Sklaven, oder verderben in den Schachten der fürstlichen Silberbergwerke.
Bedienter (kommt). Was befehlen Mylady?
Lady (gibt ihm den Schmuck). Daß das ohne Verzug in die Landschaft gebracht werde! — Man soll es sogleich zu Geld machen, befehl ich, und den Gewinst davon unter die Vierhundert verteilen, die der Brand ruiniert hat.
Sophie. Mylady, bedenken Sie, daß Sie die höchste Ungnade wagen.
Lady (mit Größe). Soll ich den Fluch seines Landes in meinen Haaren tragen? (*Sie winkt dem Bedienten, dieser geht.*) Oder willst du, daß ich unter dem schrecklichen Geschirr solcher Tränen zu Boden sinke? — Geh, Sophie — Es ist besser, falsche Juwelen im Haar und das Bewußtsein dieser Tat im Herzen zu haben.

Das Drama der Klassik

Johann Wolfgang von Goethe: Iphigenie auf Tauris (V,3)

Iphigenie, Thoas.

Iphigenie. Du forderst mich! was bringt dich zu uns her?
Thoas. Du schiebst das Opfer auf; sag' an, warum?
Iphigenie. Ich hab' an Arkas alles klar erzählt.
Thoas. Von dir möcht' ich es weiter noch vernehmen.
Iphigenie. Die Göttin gibt dir Frist zur Ueberlegung.
Thoas. Sie scheint dir selbst gelegen, diese Frist.
Iphigenie. Wenn dir das Herz zum grausamen Entschluß
    Verhärtet ist, so solltest du nicht kommen!
    Ein König, der Unmenschliches verlangt,
    Find't Diener g'nug, die gegen Gnad' und Lohn
    Den halben Fluch der Tat begierig fassen;
    Doch seine Gegenwart bleibt unbefleckt.
    Er sinnt den Tod in einer schweren Wolke,

Und seine Boten bringen flammendes
Verderben auf des Armen Haupt hinab;
Er aber schwebt durch seine Höhen ruhig,
Ein unerreichter Gott im Sturme fort.
Thoas. Die heil'ge Lippe tönt ein wildes Lied.
Iphigenie. Nicht Priesterin, nur Agamemnon's Tochter.
Der Unbekannten Wort verehrtest du;
Der Fürstin willst du rasch gebieten? Nein!
Von Jugend auf hab' ich gelernt gehorchen,
Erst meinen Eltern und dann einer Gottheit,
Und folgsam fühlt' ich immer meine Seele
Am schönsten frei; allein dem harten Worte,
Dem rauhen Ausspruch eines Mannes mich
Zu fügen, lernt' ich weder dort noch hier.
Thoas. Ein alt Gesetz, nicht ich, gebietet dir.
Iphigenie. Wir fassen ein Gesetz begierig an,
Das unsrer Leidenschaft zur Waffe dient.
Ein andres spricht zu mir, ein älteres,
Mich dir zu widersetzen, das Gebot,
Dem jeder Fremde heilig ist.
Thoas. Es scheinen die Gefangnen dir sehr nah
Am Herzen; denn vor Anteil und Bewegung
Vergissest du der Klugheit erstes Wort,
Das man den Mächtigen nicht reizen soll.
Iphigenie. Red' oder schweig' ich, immer kannst du wissen,
Was mir im Herzen ist und immer bleibt.
Lös't die Erinnerung des gleichen Schicksals
Nicht ein verschloßnes Herz zum Mitleid auf?
Wie mehr denn mein's! In ihnen seh' ich mich.
Ich habe vor'm Altare selbst gezittert,
Und feierlich umgab der frühe Tod
Die Knieende; das Messer zuckte schon,
Den lebenvollen Busen zu durchbohren;
Mein Innerstes entsetzte wirbelnd sich,
Mein Auge brach, und – ich fand mich gerettet.
Sind wir, was Götter gnädig uns gewährt,
Unglücklichen nicht zu erstatten schuldig?
Du weißt es, kennst mich, und du willst mich zwingen!
Thoas. Gehorche deinem Dienste, nicht dem Herrn!

Iphigenie. Laß ab! Beschönige nicht die Gewalt,
    Die sich der Schwachheit eines Weibes freut!
    Ich bin so frei geboren als ein Mann.
    Stünd' Agamemnon's Sohn dir gegenüber,
    Und du verlangtest, was sich nicht gebührt:
    So hat auch er ein Schwert und einen Arm,
    Die Rechte seines Busens zu verteid'gen.
    Ich habe nichts als Worte, und es ziemt
    Dem edeln Mann, der Frauen Wort zu achten.
Thoas. Ich acht' es mehr als eines Bruders Schwert.
Iphigenie. Das Loos der Waffen wechselt hin und her;
    Kein kluger Streiter hält den Feind gering.
    Auch ohne Hülse gegen Trutz und Härte
    Hat die Natur den Schwachen nicht gelassen.
    Sie gab zur List ihm Freude, lehrt' ihn Künste;
    Bald weicht er aus, verspätet und umgeht.
    Ja, der Gewaltige verdient, daß man sie übt.
Thoas. Die Vorsicht stellt der List sich klug entgegen.
Iphigenie. Und eine reine Seele braucht sie nicht.
Thoas. Sprich unbehutsam nicht dein eigen Urteil!
Iphigenie. O sähest du, wie meine Seele kämpft,
    Es bös Geschick, das sie ergreifen will,
    Im ersten Anfall mutig abzutreiben!
    So steh' ich denn hier wehrlos gegen dich?
    Die schöne Bitte, den anmut'gen Zweig,
    In einer Frauen Hand gewaltiger
    Als Schwert und Waffe, stößest du zurück;
    Was bleibt mir nun, mein Inn'res zu verteid'gen?
    Ruf' ich die Göttin um ein Wunder an?
    Ist keine Kraft in meiner Seele Tiefen?
Thoas. Es scheint, der beiden Fremden Schicksal macht
    Unmäßig dich besorgt. Wer sind sie? sprich,
    Für die dein Geist gewaltig sich erhebt!
Iphigenie. Sie sind – sie scheinen – für Griechen halt' ich sie.
Thoas. Landsleute sind es? und sie haben wohl
    Der Rückkehr schönes Bild in dir erneut?
Iphigenie (nach einigem Stillschweigen).
    Ich werde großem Vorwurf nicht entgehn,
    Noch schwerem Uebel, wenn es mir mißlingt;
    Allein euch leg' ich's auf die Kniee! Wenn

　　　　Ihr wahrhaft seid, wie ihr gepriesen werdet,
　　　　So zeigt's durch euren Beistand und verherrlicht
　　　　Durch mich die Wahrheit! – Ja, vernimm, o König,
　　　　Es wird ein heimlicher Betrug geschmiedet;
　　　　Vergebens fragst du den Gefangnen nach;
　　　　Sie sind hinweg und suchen ihre Freunde,
　　　　Die mit dem Schiff am Ufer warten, auf,
　　　　Der Aelt'ste, den das Uebel hier ergriffen
　　　　Und nun verlassen hat – es ist Orest,
　　　　Mein Bruder, und der andre sein Vertrauter,
　　　　Sein Jugendfreund, mit Namen Pylades.
　　　　Apoll schickt sie von Delphi diesem Ufer
　　　　Mit göttlichen Befehlen zu, das Bild
　　　　Dianens wegzurauben und zu ihm
　　　　Die Schwester hinzubringen, und dafür
　　　　Verspricht er dem von Furien Verfolgten,
　　　　Des Mutterblutes Schuldigen, Befreiung.
　　　　Uns Beide hab' ich nun, die Ueberbliebnen
　　　　Von Tantal's Haus, in deine Hand gelegt:
　　　　Verdirb uns – wenn du darfst!
Thoas. Du glaubst, es höre
　　　　Der rohe Scythe, der Barbar, die Stimme
　　　　Der Wahrheit und der Menschlichkeit, die Atreus,
　　　　Der Grieche, nicht vernahm?
Iphigenie. Es hört sie Jeder,
　　　　Geboren unter jedem Himmel, dem
　　　　Des Lebens Quelle durch den Busen rein
　　　　Und ungehindert fließt. – Was sinnst du mir,
　　　　O König, schweigend in der tiefen Seele?
　　　　Ist es Verderben, so töte mich zuerst!
　　　　Denn nun empfind' ich, da uns keine Rettung
　　　　Mehr übrig bleibt, die gräßliche Gefahr,
　　　　Worein ich die Geliebten übereilt
　　　　Vorsätzlich stürzte. Weh! ich werde sie
　　　　Gebunden vor mir sehn! Mit welchen Blicken
　　　　Kann ich von meinem Bruder Abschied nehmen,
　　　　Den ich ermorde? Nimmer kann ich ihm
　　　　Mehr in die vielgeliebten Augen schau'n!
Thoas. So haben die Betrüger künstlich dichtend,
　　　　Der lang Verschloßnen, ihre Wünsche leicht

Und willig Glaubenden, ein solch Gespinnst
Um's Haupt geworfen!
Iphigenie. Nein! o König, nein!
Ich könnte hintergangen werden; diese
Sind treu und wahr. Wirst du sie anders finden,
So laß sie fallen und verstoße mich,
Verbanne mich zur Strafe meiner Torheit
An einer Klippeninsel traurig Ufer!
Ist aber dieser Mann der lang erflehte,
Geliebte Bruder, so entlaß uns, sei
Auch den Geschwistern wie der Schwester freundlich!
Mein Vater fiel durch seiner Frauen Schuld,
Und sie durch ihren Sohn. Die letzte Hoffnung
Von Atreus' Stamme ruht auf ihm allein.
Laß mich mit reinem Herzen, reiner Hand.
Hinübergehn und unser Haus entsühnen!
Du hältst mir Wort! – Wenn zu den Meinen je
Mir Rückkehr zubereitet wäre, schwurst
Du mich zu lassen: und sie ist es nun.
Ein König sagt nicht, wie gemeine Menschen,
Verlegen zu, daß er den Bittenden
Auf einen Augenblick entferne; noch
Verspricht er auf den Fall, den er nicht hofft:
Dann fühlt er erst die Höhe seiner Würde,
Wenn er den Harrenden beglücken kann.
Thoas. Unwillig, wie sich Feuer gegen Wasser
Im Kampfe wehrt und gischend seinen Feind
Zu tilgen sucht, so wehret sich der Zorn
In meinem Busen gegen deine Worte.
Iphigenie. O, laß die Gnade, wie das heil'ge Licht
Der stillen Opferflamme mir, umkränzt
Von Lobgesang und Dank und Freude, lodern!
Thoas. Wie oft besänftigte mich diese Stimme!
Iphigenie. O reiche mir die Hand zum Friedenszeichen!
Thoas. Du forderst viel in einer kurzen Zeit.
Iphigenie. Um Gut's zu tun, brauchts keiner Ueberlegung.
Thoas. Sehr viel! denn auch dem Guten folgt das Uebel.
Iphigenie. Der Zweifel ist's, der Gutes böse macht.
Bedenke nicht; gewähre, wie du's fühlst!

Friedrich Schiller: Don Carlos (III, 10)

Der König Philipp II. von Spanien und Marquis von Posa.

(Dieser geht dem König, sobald er ihn gewahr wird, entgegen und läßt sich vor ihm auf ein Knie nieder, steht auf und bleibt ohne Zeichen der Verwirrung vor ihm stehen.)

König (betrachtet ihn mit einem Blick der Verwunderung).
    Mich schon gesprochen also?
Marquis. Nein.
König. Ihr machtet
    Um meine Krone Euch verdient. Warum
    Entziehet Ihr Euch meinem Dank? In meinem
    Gedächtnis drängen sich der Menschen viel'.
    Allwissend ist nur Einer. Euch kam's zu,
    Das Auge Eures Königes zu suchen.
    Weswegen tatet Ihr das nicht?
Marquis. Es sind
    Zween Tage, Sire, daß ich ins Königreich
    Zurückgekommen.
König. Ich bin nicht gesonnen,
    In meiner Diener Schuld zu stehn – Erbittet
    Euch die Gnade!
Marquis. Ich genieße die Gesetze.
König. Dies Recht hat auch der Mörder.
Marquis. Wie viel mehr
    Der gute Bürger! – Sire, ich bin zufrieden.
König (vor sich). Viel Selbstgefühl und kühner Mut, bei Gott!
    Doch das war zu erwarten. – Stolz will ich
    Den Spanier. Ich mag es gerne leiden,
    Wenn auch der Becher überschäumt. – Ihr tratet
    Aus meinen Diensten, hör' ich?
Marquis. Einem bessern
    Den Platz zu räumen, zog ich mich zurücke.
König. Das tut mir leid. Wenn solche Köpfe feiern,
    Wie viel Verlust für meinen Staat – Vielleicht
    Befürchtet Ihr, die Sphäre zu verfehlen,
    Die Eures Geistes würdig ist.
Marquis. O nein!
    Ich bin gewiß, daß der erfahrne Kenner,
    In Menschenseelen, seinem Stoff, geübt,

Beim ersten Blicke wird gelesen haben,
Was ich ihm taugen kann, was nicht. Ich fühle
Mit demutsvoller Dankbarkeit die Gnade,
Die Eure königliche Majestät
Durch diese stolze Meinung auf mich häufen;
Doch –
(Er hält inne.)
König. Ihr bedenket Euch?
Marquis. Ich bin – ich muß
Gestehen, Sire – sogleich nicht vorbereitet,
Was ich als Bürger dieser Welt gedacht,
In Worte Ihres Untertans zu kleiden. –
Denn damals, Sire, als ich auf immer mit
Der Krone aufgehoben, glaubt' ich mich
Auch der Notwendigkeit entbunden, ihr
Von diesem Schritte Gründe anzugeben.
König. So schwach sind diese Gründe? Fürchtet Ihr,
Dabei zu wagen?
Marquis. Wenn ich Zeit gewinne,
Sie zu erschöpfen, Sire – mein Leben höchstens.
Die Wahrheit aber setz' ich aus, wenn Sie
Mir diese Gunst verweigern. Zwischen Ihrer
Ungnade und Geringschätzung ist mir
Die Wahl gelassen – Muß ich mich entscheiden
So will ich ein Verbrecher lieber als
Ein Tor von Ihren Augen gehen.
König (mit erwartender Miene). Nun?
Marquis. – Ich kann nicht Fürstendiener sein.
(Der König sieht ihn mit Erstaunen an.)[...]
Marquis. Sire!
Jüngst kam ich an von Flandern und Brabant. –
So viele reiche, blühende Provinzen!
Ein kräftiges, ein großes Volk – und auch
Ein gutes Volk – und Vater dieses Volkes,
Das, dacht' ich, das muß göttlich sein! – Da stieß
Ich auf verbrannte menschliche Gebeine –
(Hier schweigt er still; seine Augen ruhen auf dem König, der es versucht, diesen Blick zu erwidern, aber betroffen und verwirrt zur Erde sieht.)[...]

König. Sehet in meinem Spanien Euch um. Hier blüht
 Des Bürgers Glück in nie bewölktem Frieden;
 Und d i e s e Ruhe gönn' ich den Flamändern.
Marquis (schnell). Die Ruhe eines Kirchhofs! Und Sie hoffen
 Zu endigen, was Sie begannen? hoffen
 Der Christenheit gezeitigte Verwandlung,
 Den allgemeinen Frühling aufzuhalten,
 Der die Gestalt der Welt verjüngt? S i e wollen
 Allein in ganz Europa – sich dem Rade
 Des Weltverhängnisses, das unaufhaltsam
 In vollem Laufe rollt, entgegenwerfen?
 Mit Menschenarm in seine Speichen fallen?
 Sie werden nicht! Schon flohen Tausende
 Aus Ihren Ländern froh und arm. Der Bürger,
 Den Sie verloren für den Glauben, war
 Ihr edelster. Mit offnen Mutterarmen
 Empfängt die Fliehenden Elisabeth,
 Und furchtbar blüht durch Künste unsres Landes
 Britannien. Verlassen von dem Fleiß
 Der neuen Christen, liegt Granada öde,
 Und jauchzend sieht Europa seinen Feind
 An selbstgeschlagnen Wunden sich verbluten.
 (Der König ist bewegt; der Marquis bemerkt es und tritt einige Schritte näher.)
 Sie wollen pflanzen für die Ewigkeit
 Und säen Tod? Ein so erzwungnes Werk
 Wird seines Schöpfers Geist nicht überdauern.
König. Wer hat Euch dessen so
 Gewiß gemacht?
Marquis (mit Feuer). Ja, beim Allmächtigen!
 Ja – ja – ich wiederhol' es. Geben Sie,
 Was Sie uns nahmen, wieder! Lassen Sie,
 Großmütig wie der Starke, Menschenglück
 Aus Ihrem Füllhorn strömen – Geister reifen
 In Ihrem Weltgebäude! Geben Sie
 Was Sie uns nahmen wieder! Werden Sie
 Von Millionen Königen ein König!
 (Er nähert sich ihm kühn, indem er feste und feurige Blicke auf ihn richtet.)
 O, könnte die Beredsamkeit von allen

Den Tausenden, die dieser großen Stunde
Teilhaftig sind, auf meinen Lippen schweben,
Den Strahl, den ich in diesen Augen merke,
Zur Flamme zu erheben! – Geben Sie
Die unnatürliche Vergötterung auf,
Die uns vernichtet! Werden Sie uns Muster
Des Ewigen und Wahren! Niemals – niemals
Besaß ein Sterblicher so viel, so göttlich
Es zu gebrauchen. Alle Könige
Europas huldigen dem span'schen Namen.
Gehn Sie Europens Königen voran!
Ein Federzug von dieser Hand, und neu
Erschaffen wird die Erde. Geben Sie
Gedankenfreiheit! –

Das Drama Kleists – über die Klassik hinaus

Heinrich von Kleist: Prinz Friedrich von Homburg (III, 5)

Der Prinz von Homburg. O meine Mutter! *(Er läßt sich auf Knien vor ihr nieder.)*
Die Kurfürstin. Prinz! Was wollt Ihr hier?
Der Prinz von Homburg. O laß mich deine Knie' umfassen, Mutter!
Die Kurfürstin (mit unterdrückter Rührung). Gefangen seid Ihr, Prinz, und kommt hieher!
 Was häuft Ihr neue Schuld zu Eurer alten?
Der Prinz von Homburg (dringend). Weißt du, was mir geschehen?
Die Kurfürstin. Ich weiß um alles!
 Was aber kann ich, Ärmste, für Euch tun?
Der Prinz von Homburg. O meine Mutter, also sprächst du nicht,
 Wenn dich der Tod umschauerte, wie mich!
 Du scheinst mit Himmelskräften, rettenden,
 Du mir, das Fräulein, deine Fraun, begabt,
 Mir alles rings umher; dem Troßknecht könnt' ich,
 Dem schlechtesten, der deiner Pferde pflegt,
 Gehängt am Halse flehen: rette mich!
 Nur ich allein, auf Gottes weiter Erde,
 Bin hilflos, ein Verlaßner, und kann nichts!

Die Kurfürstin. Du bist ganz außer dir! Was ist geschehn?
Der Prinz von Homburg. Ach! Auf dem Wege, der mich zu dir führte,
 Sah ich das Grab, beim Schein der Fackeln, öffnen,
 Das morgen mein Gebein empfangen soll.
 Sieh, diese Augen, Tante, die dich anschaun,
 Will man mit Nacht umschatten, diesen Busen
 Mit mörderischen Kugeln mir durchbohren.
 Bestellt sind auf dem Markte schon die Fenster,
 Die auf das öde Schauspiel niedergehn,
 Und der die Zukunft, auf des Lebens Gipfel,
 Heut, wie ein Feenreich, noch überschaut,
 Liegt in zwei engen Brettern duftend morgen,
 Und ein Gestein sagt dir von ihm: er war!
 (Die Prinzessin, welche bisher, auf die Schultern der Hofdame gelehnt, in der Ferne gestanden hat, läßt sich, bei diesen Worten, erschüttert an einen Tisch nieder und weint.)
Die Kurfürstin. Mein Sohn! Wenn's so des Himmels Wille ist,
 Wirst du mit Mut dich und mit Fassung rüsten!
Der Prinz von Homburg. O Gottes Welt, o Mutter, ist so schön!
 Laß mich nicht, fleh' ich, eh' die Stunde schlägt,
 Zu jenen schwarzen Schatten niedersteigen!
 Mag er doch sonst, wenn ich gefehlt, mich strafen,
 Warum die Kugel eben muß es sein?
 Mag er mich meiner Ämter doch entsetzen,
 Mit Kassation, wenn's das Gesetz so will,
 Mich aus dem Heer entfernen: Gott des Himmels!
 Seit ich mein Grab sah, will ich nichts, als leben,
 Und frage nichts mehr, ob es rühmlich sei!
Die Kurfürstin. Steh auf, mein Sohn; steh auf! Was sprichst du da?
 Du bist zu sehr erschüttert. Fasse dich!
Der Prinz von Homburg. Nicht, Tante, ehr als bis du mir gelobt,
 Mit einem Fußfall, der mein Dasein rette,
 Flehnd seinem höchsten Angesicht zu nahn!
Die Kurfürstin (weint). Mein teurer Sohn! Es ist bereits geschehn!
 Doch alles, was ich flehte, war umsonst!
Der Prinz von Homburg. Ich gebe jeden Anspruch auf an Glück.
 Nataliens, das vergiß nicht, ihm zu melden,
 Begehr' ich gar nicht mehr, in meinem Busen
 Ist alle Zärtlichkeit für sie verlöscht.

Die Kurfürstin. Wohlan! Kehr' jetzt nur heim in dein Gefängnis,
   Das ist die erste Fordrung meiner Gunst!
Natalie (Mutig und erhebend, indem sie aufsteht und ihre Hand in die seinige legt).
   Geh, junger Held, in deines Kerkers Haft,
   Und, auf dem Rückweg, schau' noch einmal ruhig
   Das Grab dir an, das dir geöffnet wird!
   Es ist nichts finsterer und um nichts breitet,
   Als es dir tausendmal die Schlacht gezeigt!
   Inzwischen werd' ich, in den Tod dir treu,
   Ein rettend Wort für dich dem Oheim wagen:
   Vielleicht gelingt es mir, sein Herz zu rühren,
   Und dich von allem Kummer zu befrein!
   Doch wenn der Kurfürst des Gesetzes Spruch
   Nicht ändern kann, nicht kann: wohlan! so wirst du
   Dich tapfer ihm, der Tapfre, unterwerfen:
   Und der im Leben tausendmal gesiegt,
   Er wird auch noch im Tod zu siegen wissen!

Heinrich von Kleist: Prinz Friedrich von Homburg (IV, 4)

Gefängnis des Prinzen.

Homburg. Nun sagt, was bringt Ihr? Sprecht! Wie steht's mit mir?
Natalie. Gut. Alles gut. Wie ich Euch vorher sagte.
   Begnadigt seid Ihr, frei; hier ist der Brief
   Von seiner Hand, der es bekräftiget.
Homburg. Es ist nicht möglich! Nein! Es ist ein Traum!
Natalie. Lest! Lest den Brief! So werdet Ihr's erfahren!
Homburg (liest). „Mein Prinz von Homburg, als ich Euch gefangensetzte
   Um Eures Angriffs, allzufrüh vollbracht,
   Da glaubt' ich, nichts als meine Pflicht zu tun;
   Auf Euren eignen Beifall rechnet' ich!
   Meint Ihr, ein Unrecht sei Euch widerfahren,
   So bitt' ich , sagt's mir mit zwei Worten –
   Und gleich den Degen schick' ich Euch zurück."
   (Natalie erblaßt. Pause. Der Prinz sieht sie fragend an.)
Natalie (mit dem Ausdruck plötzlicher Freude).
   Nun denn, da steht's! Zwei Worte nur bedarf's –!...
Homburg. Mich selber ruft er zur Entscheidung auf!

Natalie. Nun ja!
Homburg. Recht wacker, in der Tat, recht würdig.
  Recht, wie ein großes Herz sich fassen muß!
Natalie. O seine Großmut, Freund, ist ohne Grenzen!
  – Doch nun tu auch das Deine du und schreib,
  Wie er's begehrt; du siehst, es ist der Vorwand,
  Die äußre Form nur, deren es bedarf:
  Sobald er die zwei Wort' in Händen hat,
  Flugs ist der ganze Streit vorbei!
Homburg (legt den Brief weg). Nein, Liebe!
  Ich will die Sach' bis morgen überlegen.
Natalie. Du Unbegreiflicher! Welch eine Wendung? – –
  Warum? Weshalb?
Homburg (erhebt sich leidenschaftlich vom Stuhle).
  Ich bitte, frag' mich nicht!
  Du hast des Briefes Inhalt nicht erwogen!
  Daß er mir unrecht tat, wie's mir bedingt wird,
  Das kann ich ihm nicht schreiben; zwingst du mich,
  Antwort, in dieser Stimmung, ihm zu geben,
  Bei Gott! so setz' ich hin: du tust mir recht! . . .
Natalie. Mein süßer Freund!
  Die Regung lob' ich, die dein Herz ergriff.
  Das aber schwör' ich dir: das Regiment
  Ist kommandiert, das dir Versenktem morgen
  Aus Karabinern überm Grabeshügel
  Versöhnt die Totenfeier halten soll.
  Kannst du dem Rechtsspruch, edel wie du bist,
  Nicht widerstreben, nicht, ihn aufzuheben,
  Tun, wie er's hier in diesem Brief verlangt:
  Nun so versichr' ich dich, er faßt sich dir
  E r h a b e n, wie die Sache steht, und läßt
  Den Spruch mitleidvoll morgen dir vollstrecken!
Homburg (schreibend). Gleichviel!
Natalie. Gleichviel?
Homburg. Er handle, wie er darf;
  Mir ziemt's, hier zu verfahren, wie ich soll!

Heinrich von Kleist: Penthesilea (Dritter Auftritt)

Die Griechen. Triumph! Achilleus ist's! Der Göttersohn!
 Selbst die Quadriga führet er heran!
 Er ist gerettet!
Ein Ätolier. Doch hinter ihm –
Der Hauptmann. Was?
Der Myrmidonier. An des Berges Saum –
Der Ätolier. Staub –
Der Myrmidonier. Staub aufqualmend, wie Gewitterwolken:
 Und, wie der Blitz vorzuckt –
Der Ätolier. Ihr ew'gen Götter!
Der Myrmidonier. Penthesilea!
Der Hauptmann. Wer?
Der Ätolier. Die Königin! –
 Ihm auf dem Fuß, dem Peleiden, schon
 Mit ihrem ganzen Troß von Weibern folgend.
Der Hauptmann. Die rasende Megär'!
Die Griechen (rufend). Hieher den Lauf!
 Hieher den Lauf, du Göttlicher, gerichtet!
 Auf uns den Lauf!
Der Ätolier. Seht! wie sie mit den Schenkeln
 Des Tigers Leib inbrünstiglich umarmt!
 Wie sie, bis auf die Mähn' herabgebeugt,
 Hinweg die Luft trinkt lechzend, die sie hemmt!
 Sie fliegt, wie von der Sonne abgeschossen:
 Numid'sche Pfeile sind weit nicht hurtiger!
 Das Heer bleibt keuchend, hinter ihr, wie Köter,
 Wenn sich ganz aus die Dogge streckt, zurück!
 Kaum daß ihr Federbusch ihr folgen kann!
Der Hauptmann. So naht sie ihm?
Ein Doloper. Naht ihm!
Der Myrmidonier. Naht ihm noch nicht!
Der Doloper. Naht ihm, ihr Danaer! Mit jedem Hufschlag,
 Schlingt sie, wie hungerheiß, ein Stück des Weges,
 Der sie von dem Peliden trennt, hinunter!
Der Myrmidonier. Bei allen hohen Göttern, die uns schützen!
 Sie wächst zu seiner Größe schon heran!
 Sie atmet schon, zurückgeführt vom Winde,
 Den Staub, den säumend seine Fahrt erregt!

Der rasche Zelter wirft, auf dem sie reitet,
Erdschollen, aufgewühlt von seiner Flucht,
Schon in die Muschel seines Wagens hin!
Der Ätolier. Und jetzt – der Übermüt'ge! Rasende!
Er lenkt im Bogen spielend noch! Gib acht:
Die Amazone wird die Sehne nehmen.
Siehst du? Sie schneidet ihm den Lauf –
Der Myrmidonier. Hilf! Zeus!
An seiner Seite fliegt sie schon! Ihr Schatten,
Groß, wie ein Riese, in der Morgensonne,
Erschlägt ihn schon!
Der Ätolier. Doch jetzt urplötzlich reißt er –
Der Doloper. Das ganze Roßgeschwader reißt er plötzlich
Zur Seit' herum!
Der Ätolier. Zu uns her fliegt er wieder!
Der Myrmidonier. Ha! Der Verschlagne! Er betrog sie –
Der Doloper. Hui!
Wie sie, die Unaufhaltsame, vorbei
Schießt an dem Fuhrwerk –
Der Myrmidonier. Prellt, im Sattel fliegt,
Und stolpert –
Der Doloper. Stürzt!
Der Hauptmann. Was!
Der Myrmidonier. Stürzt, die Königin!
Und eine Jungfrau blindhin über sie –
Der Doloper. Und eine noch –
Der Myrmidonier. Und wieder –
Der Doloper. Und noch eine –
Der Hauptmann. Ha! Stürzen, Freunde?
Der Doloper. Stürzen –
Der Myrmidonier. Stürzen, Hauptmann.
Wie in der Feueresse eingeschmelzt,
Zum Haufen, Roß und Reutrinnen, zusammen!
Der Hauptmann. Daß sie zu Asche würden!
Der Doloper. Staub ringsum,
Vom Glanz der Rüstungen durchzuckt und Waffen:
Das Aug' erkennt nichts mehr, wie scharf es sieht,
Ein Knäuel, ein verworrener, von Jungfraun,
Durchwebt von Rossen bunt: das Chaos war,
das erst', aus dem die Welt sprang, deutlicher.

Das Drama Büchners, Grabbes und Hebbels

Georg Büchner: Woyzeck

Beim Hauptmann.

Hauptmann: Woyzeck, Er sieht immer so verhext aus! Ein guter Mensch tut das nicht, ein guter Mensch, der sein gutes Gewissen hat. – Red Er doch was, Woyzeck! Woyzeck, Er ist ein guter Mensch, aber Er hat keine Moral! Moral, das ist, wenn man moralisch ist, versteht Er. Es ist ein gutes Wort. Er hat ein Kind, ohne den Segen der Kirche, wie unser hochehrwürdiger Herr Garnisonsprediger sagt, ohne den Segen der Kirche, es ist nicht von mir.

Woyzeck: Herr Hauptmann, der liebe Gott wird den armen Wurm nicht drum ansehen, ob das Amen drüber gesagt ist, eh er gemacht wurde. Der Herr sprach: Lasset die Kleinen zu mir kommen.

Hauptmann: Was sagt Er da? Was ist das für eine kuriose Antwort? Er macht mich ganz konfus mit seiner Antwort. Wenn ich sag: Er, so mein' ich ihn, ihn –

Woyzeck: Wir arme Leut – Sehn Sie, Herr Hauptmann: Geld, Geld! Wer kein Geld hat – Da setz einmal eines seinesgleichen auf die Moral in die Welt. Man hat auch sein Fleisch und Blut. Unseins ist doch einmal unselig in der und der andern Welt. Ich glaub, wenn wir in Himmel kämen, so müßten wir donnern helfen.

Hauptmann: Woyzeck, Er hat keine Tugend, Er ist kein tugendhafter Mensch. Fleisch und Blut? Wenn ich am Fenster lieg, wenn's geregnet hat, und den weißen Strümpfen so nachseh, wie sie über die Gassen springen – verdammt, Woyzeck –, da kommt mir die Liebe. Ich hab auch Fleisch und Blut. Aber, Woyzeck, die Tugend, die Tugend! Wie sollte ich dann die Zeit herumbringen? Ich sag mir immer: du bist ein tugendhafter Mensch, *(gerührt)* ein guter Mensch, ein guter Mensch.

Woyzeck: Ja, Herr Hauptmann, die Tugend, ich hab's noch nicht so aus. Sehn Sie, wir gemeine Leut, das hat keine Tugend, es kommt einem nur so die Natur; aber wenn ich ein Herr wär und hätt einen Hut und eine Uhr und eine Anglaise und könnt vornehm reden, ich wollt schon tugendhaft sein. Es muß was Schönes sein um die Tugend, Herr Hauptmann. Aber ich bin ein armer Kerl.

Hauptmann: Gut, Woyzeck. Du bist ein guter Mensch, ein guter Mensch. Aber du denkst zu viel, das zehrt; du siehst immer so verhetzt aus. –

Die Stadt.

Marie: Wer da? Bist du's, Franz? Komm herein!
Woyzeck: Kann nit. Muß zum Verles'.
Marie: Hast du Stecken geschnitten für den Hauptmann?
Woyzeck: Ja, Marie.
Marie: Was hast du, Franz? Du siehst so verstört.
Woyzeck (geheimnisvoll): Marie, es war wieder was, viel – steht nicht geschrieben: Und sieh, da ging ein Rauch vom Land, wie der Rauch vom Ofen?
Marie: Mann!
Woyzeck: Es ist hinter mir hergegangen bis vor die Stadt. Was soll werden?
Marie: Franz!
Woyzeck: Ich muß fort. Heut abend auf die Meß. Ich hab wieder was gespart. *(Er geht.)*
Marie: Der Mann! So vergeistert. Er hat sein Kind nicht angesehn! Er schnappt noch über mit den Gedanken! – Was bist so still, Bub? Furchtst dich? Es wird so dunkel; man meint, man wär blind. Sonst scheint als die Latern herein. Ich halt's nicht aus; es schauert mich!

Mariens Kammer.

Tambourmajor: Marie?
Marie (ihn ansehend, mit Ausdruck): Geh einmal vor dich hin! – Über die Brust wie ein Rind und ein Bart wie ein Löw. So ist keiner! – Ich bin stolz vor allen Weibern.
Tambourmajor: Wenn ich am Sonntag erst den großen Federbusch hab und die weißen Handschuh, Donnerwetter! Der Prinz sagt immer: Mensch, er ist ein Kerl!
Marie (tritt vor ihn hin): Mann!
Tambourmajor: Und du bist auch ein Weibsbild. Sapperment, wir wollen eine Zucht von Tambourmajors anlegen, he? *(Er umfaßt sie.)*.
Marie: Laß mich!
Tambourmajor: Wild Tier!
Marie (heftig): Rühr mich an!
Tambourmajor: Sieht dir der Teufel aus den Augen?
Marie: Meinetwegen. Es ist alles eins.

Mariens Kammer.

Woyzeck (sieht Marie starr an und schüttelt den Kopf): Hm! Ich seh nichts, ich seh nichts. O, man müßt's sehen, man müßt's greifen können mit Fäusten.
Marie (verschüchtert): Was hast du, Franz? – Du bist hirnwütig, Franz.
Woyzeck: Eine Sünde, so dick und breit – es stinkt, daß man die Engelchen zum Himmel hinausräuchern könnt. Du hast ein' roten Mund, Marie. Keine Blase drauf? Wie, Marie, du bist schön wie die Sünde – kann die Todsünde so schön sein?
Marie: Franz, du redst im Fieber.
Woyzeck: Teufel! – Hat er da gestanden, so, so?
Marie: Dieweil der Tag lang und die Welt alt ist, können viel Menschen an einem Platz stehn, einer nach dem andern.
Woyzeck: Ich hab ihn gesehen!
Marie: Man kann viel sehn, wenn man zwei Augen hat und nicht blind ist und die Sonn scheint.
Woyzeck: Mensch! *(Geht auf sie los.)*
Marie: Rühr mich an, Franz! Ich hätt lieber ein Messer in den Leib als deine Hand auf meiner. Mein Vater hat mich nicht anzugreifen gewagt, wie ich zehn Jahr alt war, wenn ich ihn ansah.
Woyzeck: Weib! – Nein, es müßte was an dir sein! Jeder Mensch ist ein Abgrund; es schwindelt einem, wenn man hinabsieht. – Es wäre! Sie geht wie die Unschuld! Nun, Unschuld, du hast ein Zeichen an dir. Weiß ich's? Weiß ich's? Wer weiß es? *(Er geht.)*

Wirtshaus.

(Woyzeck stellt sich ans Fenster. Marie und der Tambourmajor tanzen vorbei, ohne ihn zu bemerken.)
Woyzeck: Er! Sie! Teufel!
Marie (im Vorbeitanzen): Immer zu, immer zu –
Woyzeck (erstickt): Immer zu – immer zu! *(Fährt heftig auf):* Immer zu, immer zu! Dreht euch, wälzt euch! Warum bläst Gott die Sonn nicht aus, daß alles in Unzucht sich übereinanderwälzt, Mann und Weib, Mensch und Vieh. Tut's am hellen Tag, tut's einem auf den Händen wie die Mücken Weib! – das Weib ist heiß, heiß! – Immer zu, immer zu! – Der Kerl, wie er an ihr herumgreift, an ihrem Leib! Er, er hat sie wie ich zu Anfang.

Freies Feld.

Woyzeck: Immer zu! Immer zu! Stich, stich die Zickwolfin tot? – Stich, stich die – Zickwolfin tot! Soll ich? Muß ich? Hör ich's da auch? Sagt's der Wind auch? Hör ich's immer, immer zu: stich tot, tot!

Waldsaum am Teich.

Marie: Also dort hinaus ist die Stadt? S'ist finster.
Woyzeck: Du sollst noch bleiben. Komm, setz dich.
Marie: Aber ich muß fort.
Woyzeck: Du wirst dir die Füß nicht wund laufen.
Marie: Wie bist du nur auch!
Woyzeck: Weißt du auch, wie lang es jetzt ist, Marie?
Marie: An Pfingsten zwei Jahr.
Woyzeck: Weißt du auch, wie lang es noch sein wird?
Marie: Ich muß fort das Nachtessen richten.
Woyzeck: Friert's dich, Marie? Und doch bist du warm! Was du heiße Lippen hast! heiß, heißen Hurenatem! Und doch möcht ich den Himmel geben, sie noch einmal zu küssen . . . Wenn man kalt ist, so friert man nicht mehr. Du wirst vom Morgentau nicht frieren.
Marie: Was sagst du?
Woyzeck: Nix. *(Schweigen.)*
Marie: Was der Mond rot aufgeht!
Woyzeck: Wie ein blutig Eisen.
Marie: Was hast du vor? Franz, du bist so blaß, Franz, halt ein! Um des Himmels willen, Hilfe, Hilfe!
Woyzeck: Nimm das und das! Kannst du nicht sterben? So! so! Ha, sie zuckt noch; noch nicht, noch nicht? Immer noch *(stößt zu).* – Bist du tot? Tot! Tot! . . .

Straße.

Erstes Kind: Fort zu Marien!
Zweites Kind: Was is?
Erstes Kind: Weißt du's nit? Sie sind schon alle hinaus. Draußen liegt eine!
Zweites Kind: Wo?
Erstes Kind: Links über die Loch in das Wäldchen am roten Kreuz.
Zweites Kind: Kommt schnell, daß wir noch was sehen. Sie tragen's sonst hinein.

Am Teich.

Polizist: Ein guter Mord, ein echter Mord, ein schöner Mord. So schön, als man ihn nur verlangen tun kann. Wir haben schon lange so keinen gehabt.

Christian Dietrich Grabbe: Hannibal (I. Akt)

Großer Marktplatz in Karthago.

Ausrufer von mehreren Seiten. Kauft! hier Neger! Negerinnen! Mädchen, Weiber, Männer, Witwen, Ammen, Kinder, alle bester Sorte!
Marktweiber. Gemüse!
Andere Marktweiber. Datteln, Sago, Fisch, Thunfisch!
Ein Marktjunge (alle überschreiend). Ja Thunfisch! Syrakuser Thunfisch! frischer! allerbester!
Marktweiber. Hyänen schreien nicht so vor Hunger, wie der Junge seine Ware ausschreit!
Ein Marktweib. Hats von der Mutter. Hättet Ihr *die* gehört –
Ein anderes. Laß die Drommete. Ich höre, wenn ich träume, so oft noch aus ihrem Grab schmettern: ,,Kohl und Wirsing, Wirsing und Kohl!''
Ein Karthager. Das Pfund Sago?
Marktweib. Fünf Silberlinge.
Der Karthager. Drei –
Marktweib. Nehmts, weil Ihr es seid.
Der Karthager. Kennst Du mich?
Marktweib. I nu – Ihr seid – ja Ihr – *(Zu einer Nachbarin.)* Trägst heut Seide? Das bedeutet?
Ein Kaufherr (zu einem Sklavenhändler). Dieser Neger?
Erster Sklavenhändler. Viertausend Drachmen.
Kaufherr. Hoffentlich Eunuch?
Erster Sklavenhändler. Versteht sich. Ich kenne den Geschmack der Herrn Ehemänner und richte meine Ware zu.
Kaufherr. Bringt ihn mir nach. Ich zahle zu Haus.
Ein Zierbengel (zum zweiten). Da, die beiden schwarzen Mädchen – allerliebst!
Zweiter. Kohlen, die brennen wollen.
Erster. Moloch! sie brennen schon! Ganze Feuerherde auf den Lippen!
Zweiter. Leih mir Geld, ich kaufe sie.

Erster (faßt nach seiner Börse und tut dann verlegen). Habe grad nichts bei mir.
Zweiter (beiseit). Der Lügner, ich hörs klappern!
Erster. Indes, Freund, laß uns die Waren besehen. – Mein Guter, was kosten die beiden Mädchen?
Zweiter Sklavenhändler. Ihr Herren, treffliches Gewächs! Ja, ich darfs kaum sagen, *(er spricht lauter)* aber fühlt den Sammet ihrer Haut, seht wie sie zittern bei der leisesten Bewegung, das macht ihre zarte Erziehung, denn unter uns: Königstöchter sinds, vom Gambia, und äußerst wohlfeil – *(sehr laut)* Wohlfeile Königstöchter!
Erster Zierbengel. Nette, quecke Geschöpfe – Probier das Innere der Hände, keine Schwiele!
Zweiter. Feines Fell!
Zweiter Sklavenhändler. Das Stück kostet –
Erster Zierbengel. Wir kommen wieder.
  (Die beiden Negerinnen haben während der Untersuchung bitterlich geweint.)
Zweiter Sklavenhändler (den Zierbengeln nachsehend). Probier euch Baal in die Hölle. Immer probiert, nichts gekauft! – He! der Kran da? Wird er toll? Das agiert mit den langen, zweifingrigen Eisenarmen!
Ein Vorübergehender. Eilschiffe aus Italien hebt er ans Land.
Zweiter Sklavenhändler. So – –? wieder Siegsnachrichten, die uns keinen Scheffel Weizen eintragen. Seit die Barkas den Kaufmann aufgegeben, und Soldaten geworden, haben wir den kahlen Nord, statt des üppigen Sudan, Eisen statt Gold, Wandel statt Handel, Rekruten statt Schöpsbraten!
Ein alter Mann (an einer Krücke, hat mit ernster Miene zugehört). Das ist leider nur zu wahr! *(Er geht weiter, wackelnden Kopfes.)*
Ein Bote (eilt durch die Menge). Bei Kannä Sieg! Unermeßlicher Sieg!
Viele. Gut. Schrei nur nicht so. – – Sie kommt, da kommt sie, die äthiopische Karawane! Ha, die Kamele, Pferde, Strauße! Das spreizt, das bäumt sich! Wie da hinten die Elefanten schnobernd die Rüssel erheben! Die Löwen, wie sie an den Stäben ihrer Kasten knirschen, wie die Panther brüllen, die Giraffen den Hals recken! Prächtig!
  (Die Karawane kommt.)
Der führende Scheich. Die Karawane halte. Dort unter den tausend Säulen ist die letzte Zollstatt und das Ziel.
Zollbediente (kommen). Ehrwürdger Vater, woher?
Scheich. Tief aus Sudan.
Ein Zollbedienter. Ihr führt?

Scheich. Elefanten, Kamele, Sklaven, Goldstaub, auch manches seltne Tier, den Völkern hinter dem Mohrenland, wo das Antlitz wieder hell wird wie unsres, abgekauft.
Zollbediente. Auch Palmwein? Er fehlt dermal am Platz und wird gesucht.
Scheich. Auch den. Nehmt hier die Listen, und vergleicht.
Zollbediente. So zieht vorüber, und werft am Stadthaus die Ballen ab.
Scheich. Die Sterne seien um Euch und die Bewohner dieser Stadt, wie sie um uns auf nächtiger Wanderung durch die Wüste waren: leitende Gottheiten, in funkelnden Gewändern!
(*Er legt die Arme eine kurze Zeit betend über die Brust, und zieht dann mit der Karawane zur Zollstatt.*)

Das Treffen Scipios des Jüngeren und Hannibals bei Zama (IV. Akt)

Die Ebene zwischen beiden Herren

Hannibal (mit zwei Hauptleuten). Er kommt also – – Das währt lange. – Nun, muß ich auch noch das Warten lernen? – Ha!
(*Scipio der Jüngere tritt auf mit zwei Hauptleuten; Hannibal winkt die seinigen in einige Entfernung zurück, Scipio die seinen ebenso. Beide Feldherrn treten einander gegenüber und sehen sich lange stumm an.*)
Hannibal. – – Scipio, ich muß wohl der erste sein, welcher in dieser Stunde redet, denn ich bin der ältere.
Scipio der Jüngere. Du bist es.
Hannibal. Wozu längerer Kampf zwischen Rom und Karthago? Haben die endlosen Kriege nicht beiden einsehen lernen, daß sie am glücklichsten sind, wenn Rom sich auf Italien, Karthago sich auf Afrika beschränkt?
Scipio der Jüngere. Dachtest Du so, als Du Spanien eroberst und die Alpen überschrittest?
Hannibal. Nein. Aber gerade meine Feldzüge lehrten mich seitdem, daß wir so denken sollten. – Du, jugendlicher Feldherr, stehst auf der Höhe Deines Ruhms, alles was Du bisher unternahmst, ist Dir geglückt – Doch bedenke, wie leicht wechselt die launische Fortuna, wie schnell kann sich alles wenden in diesen zentnerschweren Augenblicken, die über unsre Häupter heraufziehn! – Siehe *mich:* den Hannibal, der Dein Land mit euren Niederlagen füllte, jetzt –

Scipio der Jüngere. Sehr ungelegen erinnerst Du mich daran, denn ich stehe hier, sie zu vergelten.

Hannibal. – Der Weise wählt das beste Gut und das geringste Übel, muß er einmal unter beiden wählen. Siegst Du heut, macht es Dich glücklicher? Du hast Lorbeers genug. Verlierst Du heut, ist all Dein erworbener Ruhm dahin.

Scipio der Jüngere. Was bietet Karthago?

Hannibal. Alle Besitzungen außer Afrika, volle Genugtuung den Fürsten der Numidier, die mit euch verbunden sind.

Scipio der Jüngere. Und nicht *sich selbst* und *Dich* unserer Gnade?

Hannibal. Römische Gnade! – Nein, eher wollen wir es mit eurer Ungnade zum letzten Mal versuchen!

Scipio der Jüngere (wendet sich zum Abgehn, kalt). Dann erwarte mit Deinen dünnen Haufen das Schicksal der Schlacht. Du, hättest Du mein überlegnes Heer, handeltest nicht anders, ständest Du an meiner Stelle.

(*Mit seinen beiden Hauptleuten ab.*)

Hannibal. Es erwarten? Nein, *ich ruf es*, es war mir oft eine helfende Göttin! (*Gegen sein Heer.*) Schlacht!

(*Ab. Die Schlacht beginnt.*)

Der Untergang Karthagos (V. Akt)

Karthago.

(Nacht, Große Halle im Palast des Barkas, festlich mit Ampeln und Lichtern erhellt.)

Barkas (auf ein Ruhekissen das Haupt gesenkt, erwacht aus dem Schlummer). Himmel, was hat Alitta mit leisem Tritt veranstaltet, während ich schlief? – Die Halle schimmert von goldenen Ampeln und Leuchtern und blendendem Licht! Duftet von Ambra! Ist heute ein Familienfest?

(*Römische Tubatöne, erst in weiter Ferne, dann immer näher und stärker, von allen Seiten herüberschwellend.*)

O Meer, bedecke mich vor diesen Tag für Tag furchtbarer, näher werdenden Klängen! (*Sich erhebend.*) Was da? – Diese Halle ist hundert Stiegen hoch, und welche Riesenweiber schauen da in ihre Fenster – und – spalten sich die Mauern vor meinem Blick? – fegen die Gassen aus, die Gassen selbst fort? – Da, Du, du Eine, höher als alle, was weinst Du in mein Haus? Ich bedarf Deiner Tränen nicht, habe schon

Grams genug – Eine funkelnde Königskrone auf dem Haupt? – – Elissa – Dido – bist Du es, die vor meinem Fenster steht? Standest Du auf, um Deine Stadt noch einmal vor ihrem Untergange zu sehn? Wehe Karthago! sie nickt, verdeckt ihr Haupt, und verschwindet mit ihren Gefährtinnen im Meer! – – Träum ich? Nein, dazu ists zu furchtbar!

(*Alitta tritt ein mit den vornehmsten der jungen Karthagerinnen, alle im glänzendsten Schmuck, lodernde Fackeln in der Hand.*)

Barkas. Mädchen, Myrten im Haar? Mit Diamanten und Perlen beschneit? In jetziger Bedrängnis?

Alitta. Teuerster Ahn, wir alle haben Tag und Nacht gearbeitet, unsre Krieger zu bewaffnen – Sie sind nun bis auf wenige gefallen, und denen kann unsre Arbeit nicht mehr fruchten – Was hilft nun der Gram? Wir wollen unsren Schmerz erleuchten und Hochzeit feiern, darum ließ ich Ampeln und Fackeln anzünden!

Barkas. Hochzeit? Dein Brasidas liegt tot.

Alitta. So feiern wir nicht die irdische, aber bald die schönere himmlische! Hört! wie sie den Reigen dazu spielen!

Barkas. Das ist der Sturmalarm des feindlichen Heeres!

Alitta. Desto besser! Der Feind spielt selbst zu unsrem Fest und die Musik scheint kräftig! – Greis, Karthagos Jungfrauen und Matronen wissen, daß die Römer die Mauern erbrechen, obgleich der in seinen letzten Tagen so edle Gisgon sie mit seinem Todesblut versiegelt hatte, – sie wissen, daß alle Gegenwehr vergeblich ist, darum sind sie alle, keine ausgenommen, (sieh nur, wie es auch in den nachbarlichen Häusern und Palästen hell wird) entschlossen –

Barkas. Doch nicht – ?

Alitta (*fest*). Die Stadt und sich zu verbrennen!

Barkas (*Pause*). – – Gebt mir auch eine Fackel!

Turnu (*sich vordrängend*). Da!

Alitta. Ha, der Mohr, welcher nach Zamas Schlacht hier Hannibal suchte, und den ich beschützte – Du bleibst leben!

Turnu. Muß ich?

Alitta. Um Dich durch die Römer zu schleichen, und dem Hannibal zu berichten, was hier geschehen.

(*Turnu ab.*)

Und nun Freundinnen, Gespielinnen, besser, wir werden heiße Asche, als blühende Sklavinnen! – Ich beginne!

(*Sie wirft ihre Fackel an die Tapete; die Übrigen ebenso; der Palast*

beginnt zu brennen, die Nachbarwohnungen lodern auf dieses Zeichen auch auf. Alle umarmen sich.)
Alitta. Urvater, wie ist Dir?
Barkas. Wohler als je!

Friedrich Hebbel: Maria Magdalene (III, 11)

Der Sekretär (tritt bleich und wankend herein, er drückt ein Tuch gegen die Brust). Wo ist Klara? *(Er fällt auf einen Stuhl zurück.)* Jesus! Guten Abend! Gott sei Dank, daß ich noch herkam! Wo ist sie?
Karl. Sie ging zum – Wo bleibt sie? Ihre Reden – mir wird angst! *(Ab.)*
Sekretär. Sie ist gerächt – Der Bube liegt – Aber auch ich bin – Warum das, Gott? – Nun kann ich sie ja nicht –
Meister Anton. Was hat Er? Was ist mit Ihm?
Sekretär. Es ist gleich aus! Geb' Er mir die Hand darauf, daß Er seine Tochter nicht verstoßen will – Hört Er, nicht verstoßen, wenn sie –
Meister Anton. Das ist eine wunderliche Rede. Warum sollt' ich sie denn – Ha, mir gehen die Augen auf! Hätt' ich ihr nicht unrecht getan?
Sekretär. Geb' Er mir die Hand!
Meister Anton. Nein! *(Steckt beide Hände in die Tasche.)* Aber ich werde ihr Platz machen, und sie weiß das, ich hab's ihr gesagt!
Sekretär (entsetzt). Er hat ihr – Unglückliche, jetzt erst versteh' ich dich ganz!
Karl (stürzt hastig herein). Vater, Vater, es liegt jemand im Brunnen! Wenn's nur nicht –
Meister Anton. Die große Leiter her! Haken! Stricke! Was säumst du? Schnell! Und ob's der Gerichtsdiener wäre!
Karl. Alles ist schon da. Die Nachbarn kamen vor mir. Wenn's nur nicht Klara ist!
Meister Anton. Klara? *(Er hält sich an einem Tisch.)*
Karl. Sie ging, um Wasser zu schöpfen, und man fand ihr Tuch.
Sekretär. Bube, nun weiß ich, warum deine Kugel traf. Sie ist's.
Meister Anton. Sieh doch zu! *(Setzt sich nieder.)* Ich kann nicht! *(Karl ab.)* Und doch! *(Steht wieder auf.)* Wenn ich Ihn *(zum Sekretär)* recht verstanden habe, so ist alles gut.
Karl (kommt zurück.) Klara! Tot! Der Kopf gräßlich am Brunnenrand zerschmettert, als sie, – Vater, sie ist nicht hineing e s t ü r z t, sie ist hineing e s p r u n g e n, eine Magd hat's gesehen!

Meister Anton. Die soll sich's überlegen, eh' sie spricht! Es ist nicht hell genug, daß sie das mit Bestimmtheit hat unterscheiden können!

Sekretär. Zweifelt Er? Er möchte wohl, aber Er kann nicht! Denk' Er nur an das, was Er ihr gesagt hat! Er hat sie auf den Weg des Todes hinausgewiesen, ich, ich bin schuld, daß sie nicht wieder umgekehrt ist. Er dachte, als Er ihren Jammer ahnte, an die Z u n g e n, die hinter Ihm herzischeln würden, aber nicht an die N i c h t s w ü r d i g k e i t der S c h l a n g e n, denen sie angehören, da sprach Er ein Wort aus, das sie zur Verzweiflung trieb; ich, statt sie, als ihr Herz in namenloser Angst vor mir aufsprang, in meine Arme zu schließen, dachte an den Buben, der dazu ein Gesicht ziehen könnte, und – nun, ich bezahl's mit dem Leben, daß ich mich von einem, der s c h l e c h t e r war, als ich, so abhängig machte, und auch Er, so eisern Er dasteht, auch Er wird noch einmal sprechen: Tochter, ich wollte doch, du hättest mir das Kopfschütteln und Achselzucken der Pharisäer um mich her nicht erspart, es beugt mich doch tiefer, daß du nicht an meinem Sterbebett sitzen und mir den Angstschweiß abtrocknen kannst!

Meister Anton. Sie hat mir nichts erspart – man hat's gesehen!

Sekretär. Sie hat getan, was sie konnte – E r w a r ' s n i c h t w e r t, d a ß i h r e T a t g e l a n g!

Meister Anton. Oder s i e nicht!

(Tumult draußen.)

Karl. Sie kommen mit ihr – *(will ab.)*

Meister Anton (fest, wie bis zu Ende, ruft ihm nach). In die Hinterstube, wo die Mutter stand!

Sekretär. Ihr entgegen! *(Will aufstehen, fällt aber zurück.)* O! Karl! *(Karl hilft ihm auf und führt ihn ab.)*

Meister Anton. Ich verstehe die Welt nicht mehr!

(Er bleibt sinnend stehen.)

Das Drama des Naturalismus

Die Bühnenanweisung zum zweiten Akt des Schauspiels „Die Weber" von Gerhart Hauptmann

Das Stübchen des Häuslers Wilhelm Ansorge zu Kaschbach im Eulengebirge. In einem engen, von der sehr schadhaften Diele bis zur schwarz verräucherten Balkendecke nicht sechs Fuß hohen Raum sitzen: zwei junge Mädchen, Emma und Bertha Baumert, an Webstühlen – Mutter Baumert, eine kontrakte Alte, auf einem Schemel am Bett, vor sich ein Spulrad – ihr Sohn August, zwanzigjährig, idiotisch, mit kleinem Rumpf und Kopf und langen, spinnenartigen Extremitäten, auf einem Fußschemel, ebenfalls spulend. Durch zwei kleine, zum Teil mit Papier verklebte und mit Stroh verstopfte Fensterlöcher der linken Wand dringt schwaches, rosafarbenes Licht des Abends. Es fällt auf das weißblonde, offene Haar der Mädchen, auf ihre unbekleideten, magern Schultern und dünnen, wächsernen Nacken, auf die Falten des groben Hemdes im Rücken, das, nebst einem kurzen Röckchen aus härtester Leinewand, ihre einzige Bekleidung ist. Der alten Frau leuchtet der warme Hauch voll über Gesicht, Hals und Brust: ein Gesicht, abgemagert zum Skelett, mit Falten und Runzeln in einer blutlosen Haut, mit versunkenen Augen, die durch Wollstaub, Rauch und Arbeit bei Licht entzündlich gerötet und wäßrig sind, einen langen Kropfhals mit Falten und Sehnen, eine gefallene, mit verschlossenen Tüchern und Lappen verpackte Brust.

Ein Teil der rechten Wand, mit Ofen und Ofenbank, Bettstelle und mehreren grell getuschten Heiligenbildern, steht auch noch im Licht. – Auf der Ofenstange hängen Lumpen zum Trocknen, hinter dem Ofen ist altes, wertloses Gerümpel angehäuft. Auf der Ofenbank stehen einige alte Töpfe und Kochgeräte; Kartoffelschalen sind zum Dörren auf Papier gelegt. – Von den Balken herab hängen Garnsträhnen und Weifen. Körbchen mit Spulen stehen neben den Webstühlen. In der Hinterwand ist eine niedrige Tür ohne Schloß. Ein Bündel Weidenruten ist daneben an die Wand gelehnt. Mehrere schadhafte Viertelkörbe stehen dabei. – Das Getöse der Webstühle, das rhythmische Gewuchte der Lade, davon Erdboden und Wände erschüttert werden, das Schlurren und Schnappen des hin und her geschnellten Schiffchens erfüllen den Raum. Dahinein mischt sich das tiefe, gleichmäßig fortgesetzte Getön der Spulräder, das dem Summen großer Hummeln gleicht.

Gerhart Hauptmann: Die Weber (II. Akt)

Ansorge: In a alten Zeiten da war das ganz a ander Ding. Da ließen de Fabrikanten a Weber mitleben. Heute da bringen se alles alleene durch. Das kommt aber daher, sprech ich: d'r hohe Stand gloobt nimehr a keen Herrgott und keen Teiwel ooch nich. Da wissen se nischt von Geboten und Strafen. Da stehl'n se uns halt a letzten Bissen Brot und schwächen und untergraben uns das bißl Nahrung, wo se kenn'n. Von den Leuten kommt's ganze Unglicke. Wenn unsere Fabrikanten und wär'n gute Menschen, da wär'n ooch fer uns keene schlechten Zeiten sein.

Jäger: Da paßt amal uf, da wer ich euch amal was Scheenes vorlesen. *(Er zieht einige Papierblättchen aus der Tasche.)* Komm, August, renn in de Schölzerei und hol noch a Quart. Nu, August, du lachst ja in een Biegen fort.

Mutter Baumert: Ich weeß nich, was mit dem Jungen is, dem geht's immer gutt. Der lacht sich de Hucke voll, mag's kommen, wie's will. Na, feder, feder! *(August ab mit der leeren Schnapsflasche.)* Gelt ock, Alter, du weeßt, was gutt schmeckt?

Der alte Baumert (kauend, vom Essen und Trinken erregt): Moritz, du bist unser Mann. Du kannst lesen und schreiben. Du weeßt's, wie's um de Weberei bestellt is. Du hast a Herze fer de arme Weberbevelkerung. Du sollt'st unsere Sache amal in de Hand nehmen dahier.

Jäger: Wenn's mehr ni is. Das sollte mir ni druf ankommen; dahier den alten Fabrikantenräudeln, den wollt ich viel zu gerne amal a Liedl aufspiel'n. Ich tät m'r nischt draus machen. Ich bin a umgänglicher Kerl, aber wenn ich amal falsch wer und ich krieg's mit der Wut, da nehm ich Dreißichern in de eene, Dittrichen in de andre Hand und schlag se mit a Keppen an'ander, daß'n 's Feuer aus a Augen springt. — Wenn mir und m'r kennten's ufbringen, daß m'r zusammenhielten, da kennt m'r a Fabrikanten amal an solchen Krach machen ... Da braucht m'r keen'n Keenich derzu und keene Regierung, da kennten m'r eenfach sagen: mir woll'n das und das und aso und aso ni, und da werd's bald aus een'n ganz andern Loch feifen dahier. Wenn die ock sehn, daß ma Krien hat, da ziehn se bald Leine. Die Betbrieder kenn ich! Das sein gar feige Luder.

Mutter Baumert: 's is wirklich bald wahr. Ich bin gewiß ni schlecht, ich bin gewiß immer diejenige gewest, die gesagt hat, die reichen Leute missen ooch sein. Aber wenn's aso kommt ....

Jäger: Vor mir kennte d'r Teiwel alle hol'n, der Rasse vergennt ich's.

Bertha: Wo is denn der Vater? *(Der alte Baumert hat sich stillschweigend entfernt.)*
Mutter Baumert: Ich weeß nich, wo a mag hin sein.
Bertha: Is etwan, daß er das Fleescherne nimehr gewehnt ist?!
Mutter Baumert (außer sich, weinend): Nu da seht ihrsch, nu da seht ihrsch! Da bleibt's noch ni amal. Da wird a das ganze bissel scheenes Essen wieder von sich geben.
Der alte Baumert (kommt wieder, weinend vor Ingrimm): Nee, nee! mit mir is bald gar alle. Mich hab'n se bald aso weit! Hat man sich amal was Guttes dergattert, da kann ma's nich amal mehr bei sich behalt'n. *(Er sitzt weinend nieder auf die Ofenbank.)*
Jäger (in plötzlicher Aufwallung, fanatisch): Und dad'rbei gibt's Leute, Gerichtsschulzen, gar nicht weit von hier, Schmärwampen, die de's ganze Jahr nischt weiter zu tun haben, wie unsern Herrgott im Himmel a Tag abstehl'n. Die woll'n behaupten, de Weber kennten gutt und gerne auskommen, se wär'n bloß zu faul.
Ansorge: Das sein gar keene Mensche. Das sein Unmensche, sein das.
Jäger: Nu laß ock gutt sein, a hat sei Fett. Ich und d'r rote Bäcker, mir hab'n 's 'n eingetränkt, und bevor m'r abzogen zu guter Letzte, sangen m'r noch's Bluttgerichte.
Ansorge: O Jes's, Jes's, is das das Lied?
Jäger: Ja, ja, hie hab ich's.
Ansorge: 's heeßt doch, gloob ich, 's Dreißicherlied oder wie.
Jäger: Ich wersch amal vorlesen.
Mutter Baumert: Wer hat denn das Lied derfund'n?
Jäger: Das weeß kee Mensch nich. Nu heert druf. *(Er liest, schülerhaft buchstabierend, schlecht betonend, aber mit unverkennbar starkem Gefühl. Alles klingt heraus: Verzweiflung, Schmerz, Wut, Haß, Rachedurst:)*

Hier im Ort ist ein Gericht,
noch schlimmer als die Vehmen,
wo man nicht erst ein Urteil spricht,
das Leben schnell zu nehmen.

Hier wird der Mensch langsam gequält,
hier ist die Folterkammer,
hier werden Seufzer viel gezählt
als Zeugen von dem Jammer.

Der alte Baumert (hat, von den Worten des Liedes gepackt und im Tiefsten aufgerüttelt, mehrmals nur mühsam der Versuchung widerstanden,

Jäger zu unterbrechen. Nun geht alles mit ihm durch; stammelnd, unter Lachen und Weinen, zu seiner Frau): Hier ist die Folterkammer. Der das geschrieben, Mutter, der sagt die Wahrheet. Das kannst du bezeugen ... Wie heeßt's? Hier werden Seufzer ... wie? hie wern se viel gezählt ...
Jäger: Als Zeugen von dem Jammer.
Der alte Baumert: Du weeßt's, was mir aso seufz'n een Tag um a andern, ob m'r stehn oder liegen.
Jäger (liest):
  Hier hilft kein Bitten und kein Flehn,
  Umsonst ist alles Klagen.
  „Gefällt's euch nicht, so könnt ihr gehn
  Am Hungertuche nagen."
Der alte Baumert: Wie stehts? Umsonst ist alles Klagen? Jedes Wort .. jedes Wort ... da is alls aso richtig wie in der Bibel. Hier hilft kein Bitten und kein Fleh'n.
Jäger (liest):
  Nun denke man sich diese Not
  Und Elend dieser Armen,
  Zu Haus oft keinen Bissen Brot,
  Ist das nicht zum Erbarmen!

  Erbarmen, ha! ein schön Gefühl,
  Euch Kannibalen fremde,
  Ein jedes kennt schon euer Ziel,
  'S ist der Armen Haut und Hemde.
Der alte Baumert (springt auf, hingerissen zu deliranter Raserei): Haut und Hemde. Alls richtig, 's is der Armut Haut und Hemde. Hier steh ich, Robert Baumert, Webermeister von Kaschbach. Wer kann vortreten und sag'n ... Ich bin ein braver Mensch gewest mei' Lebe' lang, und nu seht mich an! Was hab ich davon? Wie seh ich aus? Was hab'n se aus mir gemacht? Hier wird der Mensch langsam gequält. *(Er reckt seine Arme hin.)* Dahier, greift amal an, Haut und Knochen. Ihr Schurken all, ihr Satansbrut! *(Er bricht weinend vor Ingrimm auf einen Stuhl zusammen.)*
Ansorge: (erhebt sich, am ganzen Leibe zitternd vor Wut, stammelt hervor): Und das muß anderscher wer'n, sprech ich, jetzt uf der Stelle. Mir leiden's nimehr! Mir leiden's nimehr, mag kommen, was will.

Das Drama des Expressionismus

Georg Kaiser: Von Morgens bis Mitternachts

Das Sechstagerennen

(Sportpalast. Sechstagerennen. Bogenlampenlicht. Die jüdischen Herren als Kampfrichter kommen und gehen. Alle sind ununterscheidbar: kleine bewegliche Gestalten, im Smoking, stumpfen Seidenhut im Nacken, am Riemen das Binokel. Rollendes Getöse von Rädern und Bohlen. Pfeifen, Heulen, Meckern geballter Zuschauermenge aus Höhe und Tiefe. Musikkapellen.)

Ein Herr (kommend). Sind Sie der Herr, der tausend Mark stiftet?
Kassierer. In Gold.
Der Herr. Das würde zu lange aufhalten.
Kassierer. Das Aufzählen? Sehen Sie zu. *(Er holt eine Rolle heraus, reißt sie auf, schüttet den Inhalt auf die Hand und zählt behende die klimpernden Goldstücke.)* So erleichtere ich meine Taschen.
Der Herr. Sie sind ein Fachmann in dieser Angelegenheit.
Kassierer. Ein Detail, mein Herr. *(Übergibt den Betrag.)* Nehmen Sie an.
Der Herr. Dankend erhalten.
Kassierer. Nur ordnungsgemäß.
Ein Herr. Die Mannschaften sind erschöpft.
Ein Herr. Das Tempo fällt zusehends ab.
Ein Herr. Wir müssen die Manager für Ruhe im Felde sorgen lassen.
Kassierer. Eine neue Stiftung!
Ein Herr. Später, mein Herr.
Kassierer. Keine Unterbrechung in dieser Situation.
Ein Herr. Die Situation wird für die Fahrer gefährlich.
Kassierer. Ärgern Sie mich nicht mit den Bengels. Das Publikum kocht in Erregungen. Das muß ausgenutzt werden. Der Brand soll eine nie erlebte Steigerung erfahren. Fünfzigtausend Mark.
Ein Herr. Wahrhaftig?
Ein Herr. Wieviel?
Kassierer. Ich setze alles dran.
Ein Herr. Das ist eine unerhörte Preisstiftung.
Kassierer. Unerhört soll die Wirkung sein. Alarmieren Sie die Sanitätskolonnen in allen Ringen.

Ein Herr. Wir akzeptieren die Stiftung. Wir werden sie bei besetzter Loge ausfahren lassen.

Ein Herr. Prachtvoll.

Ein Herr. Großartig.

Ein Herr. Wir beraten die Bedingungen im Büro. Dreißigtausend dem ersten, fünfzehntausend dem zweiten – fünftausend dem dritten.

Ein Herr. Das Feld wird in dieser Nacht gesprengt.

Ein Herr. Damit ist das Rennen so gut wie aus.

Ein Herr. Jedenfalls: bei besetzter Loge. *(Alle ab.)*

Ein Herr. Wollen Sie selbst Ihre Stiftung bekanntgeben?

Kassierer. Ich bleibe im undeutlichen Hintergrund. *(Er gibt ihm das Megaphon.)* Jetzt sprechen Sie. Jetzt teilen Sie die letzte Erschütterung aus.

Ein Herr (durchs Megaphon). Eine neue Preisstiftung desselben ungenannt bleiben wollenden Herrn. *(Bravorufe.)* Gesamtsumme fünfzigtausend Mark. *(Betäubendes Schreien.)* Fünftausend dem dritten. *(Schreien.)* Fünfzehntausend Mark dem zweiten. *(Gesteigertes Schreien.)* Dem ersten dreißigtausend Mark. *(Ekstase.)*

Kassierer (beiseite stehend, kopfnickend). Das wird es. Daher sträubt es sich empor. Das sind Erfüllungen. Heulendes Wehen vom Frühlingsorkan. Wogender Menschheitsstrom. Entkettet – frei. Vorhänge hoch – Vorwände nieder. Menschheit. Freie Menschheit. Hoch und tief – Mensch. Keine Ringe – keine Schichten – keine Klassen. Ins Unendliche schweifende Entlassenheit aus Fron und Lohn in Leidenschaft. Rein nicht – doch frei! – Das wird der Erlös für meine Keckheit. *(Er zieht das Bündel Scheine hervor.)* Gern gegeben – anstandslos beglichen!

(Mädchen der Heilsarmee kommt.

Gelächter der Zuschauer. Pfiffe. Rufe.)

Mädchen (anbietend). Der Kriegsruf – zehn Pfennig, mein Herr.

Kassierer. Andermal.

Mädchen. Der Kriegsruf, mein Herr.

Kassierer. Was verhökern Sie da für ein Kümmelblättchen?

Mädchen. Der Kriegsruf, mein Herr.

Kassierer. Sie treten verspätet auf. Hier ist die Schlacht in vollem Betrieb.

Mädchen (mit der Blechbüchse). Zehn Pfennig, mein Herr.

Kassierer. Für zehn Pfennig wollen Sie Krieg entfachen?

Mädchen. Zehn Pfennig, mein Herr.

Kassierer. Ich bezahle hier Kriegskosten mit fünfzigtausend.

Mädchen. Zehn Pfennig.

Kassierer. Lumpiges Handgemenge. Ich subventioniere nur Höchstleistungen.
Mädchen. Zehn Pfennig.
Kassierer. Ich trage nur Gold bei mir.
Mädchen. Zehn Pfennig.
Kassierer. Gold –
Mädchen. Zehn –
Kassierer (brüllt sie durchs Megaphon an). Gold – Gold – Gold!
Mädchen (ab).
   (Plötzlich lautlose Stille.
   Nationalhymne. Die Herren haben die Seidenhüte gezogen und stehen verneigt.)
Ein Herr (tritt zum Kassierer). Händigen Sie mir den Betrag ein, um die Stiftung jetzt sofort ausfahren zu lassen.
Kassierer. Was bedeutet das?
Der Herr. Was, mein Herr?
Kassierer. Dieses jähe, unvermittelte Schweigen oben und unten?
Der Herr. Durchaus nicht unvermittelt: Seine Hoheit sind in die Loge getreten.
Kassierer. Seine Hoheit – in die Loge – –
Der Herr. Um so günstiger kommt uns Ihre bedeutende Stiftung.
Kassierer. Ich denke nicht daran, mein Geld zu vergeuden!
Der Herr. Was heißt das?
Kassierer. Daß es mir für die Fütterung von krummen Buckeln zu teuer ist!
Der Herr. Erklären Sie mir –
Kassierer. Dieser eben noch lodernde Brand ausgetreten von einem Lackstiefel am Bein Seiner Hoheit. Sind Sie toll, mich für so verrückt zu halten, daß ich zehn Pfennig vor Hundeschnauzen werfe? Auch das wäre noch zu viel. Ein Fußtritt gegen den eingeklemmten Schweif, das ist die gebotene Stiftung!
Der Herr. Die Stiftung ist angekündigt. Seine Hoheit warten in der Loge. Das Publikum verharrt ehrfürchtig. Was soll das heißen?
Kassierer. Wenn Sie es denn nicht aus meinen Worten begreifen – dann werden Sie die nötige Einsicht gewinnen, indem ich Ihnen mit einem Schlage in einwandfreies Bekenntnis meinerseits beibringe! *(Er treibt ihm den Seidenhut auf die Schultern. Ab.)*
   (Noch Hymne. Schweigen. Verbeugtsein auf der Brücke.)
Kassierer. Von Schlacken befreit lobt sich meine Seele hoch hinauf – ausgeschmolzen aus diesen glühenden zwei Tiegeln: Bekenntnis und Buße! Da steht es wie ein glänzender Turm – fest und hell: Bekennt-

nis und Buße! Ihr schreit sie, euch will ich meine Geschichte erzählen.
Mädchen. Sprich. Ich stehe bei dir. Ich stehe immer bei dir!
Kassierer. Ich bin seit diesem Morgen unterwegs. Ich bekenne: ich habe mich an der Kasse vergriffen, die mir anvertraut war. Ich bin Bankkassierer. Eine große runde Summe: sechzigtausend! Ich flüchtete damit in die asphaltene Stadt. Jetzt werde ich jedenfalls verfolgt – eine Belohnung ist wohl auf meine Festnahme gesetzt. Ich verberge mich nicht mehr, ich bekenne. Mit keinem Geld aus allen Bankkassen der Welt kann man sich irgendwas von Wert kaufen. Man kauft immer weniger, als man bezahlt. Und je mehr man bezahlt, um so geringer wird die Ware. Das Geld verschlechtert den Wert. Das Geld verhüllt das Echte – das Geld ist der armseligste Schwindel unter allem Betrug! *(Er holt es aus den Fracktaschen.)* Dieser Saal ist der brennende Ofen, den eure Verachtung für alles Armselige heizt. Euch werfe ich es hin, ihr zerstampft es im Augenblick unter euren Sohlen. Da ist etwas von dem Schwindel aus der Welt geschafft. Ich gehe durch eure Bänke und stelle mich dem nächsten Schutzmann: ich suche nach dem Bekenntnis die Buße. So wird es vollkommen! *(Er schleudert aus Glacéhänden Scheine und Geldstücke in den Saal.)*

(Die Scheine flattern noch auf die Verdutzten im Saal nieder, die Stücke rollen unter sie. Dann ist heißer Kampf um das Geld entbrannt. In ein kämpfendes Knäuel ist die Versammlung verstrickt. Vom Podium stürzen die Soldaten von ihren Musikinstrumenten in den Saal. Die Bänke werden umgestoßen, heisere Rufe schwirren, Fäuste klatschen auf Leiber. Schließlich wälzt sich der verkrampfte Haufen zur Tür und rollt hinaus.

Das epische Theater

Bertolt Brecht: Leben des Galilei (Szene 3)

10. Januar 1610: Vermittels des Fernrohrs entdeckt Galilei am Himmel Erscheinungen, welche das Kopernikanische System beweisen. Von seinem Freund vor den möglichen Folgen seiner Forschungen gewarnt, bezeugt Galilei seinen Glauben an die menschliche Vernunft.

Chor.
Sechzehnhundertzehn, zehnter Januar
Galileo Galilei sah, daß kein Himmel war.

(Studierzimmer des Galilei in Padua. Galilei und Sagredo am Fernrohr)

Sagredo (durch das Fernrohr schauend, halblaut). Der Sichelrand ist rauh. Auf der dunklen Hälfte, in der Nähe des leuchtenden Rands, sind leuchtende Punkte. Sie treten einer nach dem anderen hervor. Von ihnen aus ergießt sich das Licht wachsend über immer weitere Flächen, wo es zusammenfließt mit dem größeren leuchtenden Teil.
Galilei. Wie erklärst du dir diese Punkte?
Sagredo. Es kann nicht sein.
Galilei. Doch. Es sind Riesenberge.
Sagredo. Auf einem Stern?
Galilei. Berge. Deren Spitzen die aufgehende Sonne vergoldet, während rings Nacht auf den Abhängen liegt. Du siehst das Licht von den höchsten Gipfeln in die Täler niedersteigen.
Sagredo. Aber das widerspricht aller Astronomie von zwei Jahrtausenden.
Galilei. So ist es. Was du siehst, hat noch kein Mensch gesehen, außer mir. Du bist der zweite.
Sagredo. Aber der Mond kann keine Erde sein mit Bergen und Tälern, so wenig die Erde ein Stern sein kann.
Galilei. Der Mond kann eine Erde sein mit Bergen und Tälern, und die Erde kann ein Stern sein. Ein gewöhnlicher Himmelskörper, einer unter Tausenden. Sieh noch einmal hinein. Siehst du den verdunkelten Teil des Mondes ganz dunkel?
Sagredo. Nein. Jetzt, wo ich darauf achtgebe, sehe ich ein schwaches, aschfarbenes Licht darauf ruhen.
Galilei. Was kann das für ein Licht sein?
Sagredo. ?
Galilei. Das ist von der Erde.
Sagredo. Das ist Unsinn. Wie soll die Erde leuchten, mit ihren Gebirgen und Wäldern und Gewässern, ein kalter Körper.
Galilei. So wie der Mond leuchtet. Weil die beiden Sterne angeleuchtet sind von der Sonne, darum leuchten sie. Was der Mond uns ist, das sind wir dem Mond. Und er sieht uns einmal als Sichel, einmal als Halbkreis, einmal voll und einmal nicht.
Sagredo. So wäre kein Unterschied zwischen Mond und Erde?
Galilei. Offenbar nein.
Vor noch nicht zehn Jahren ist ein Mensch in Rom verbrannt worden.

Er hieß Giordano Bruno und hatte eben das behauptet.

Gewiß. Und wir sehen es. Laß dein Auge am Rohr, Sagredo. Was du siehst, ist, daß es keinen Unterschied zwischen Himmel und Erde gibt. Heute ist der 10. Januar 1610. Die Menschheit trägt in ihr Journal ein: Himmel abgeschafft.

Das ist ein wunderbares Ding, dieses Rohr.

Ich habe noch eine Sache entdeckt. Sie ist vielleicht noch erstaunlicher.

Sagredo (zögert, an das Fernrohr zu gehen). Ich verspüre beinahe etwas wie Furcht, Galilei.

Galilei. Ich werde dir jetzt einen der milchweiß glänzenden Nebel der Milchstraße vorführen. Sage mir, aus was er besteht!

Sagredo. Das sind Sterne, unzählige.

Galilei. Allein im Sternbild des Orion sind es 500 Fixsterne. Das sind die vielen Welten, die zahllosen anderen, die entfernteren Gestirne, von denen der Verbrannte gesprochen hat. Er hat sie nicht gesehen, er hat sie erwartet!

Sagredo. Aber selbst wenn diese Erde ein Stern ist, so ist es noch ein weiter Weg zu den Behauptungen des Kopernikus, daß sie sich um die Sonne dreht. Da ist kein Gestirn am Himmel, um das ein andres sich dreht. Aber um die Erde dreht sich immer noch der Mond.

Galilei. Ich frage mich. Seit vorgestern frage ich mich: Wo ist der Jupiter? *(Er stellt ihn ein)* Da sind nämlich vier Sterne nahe bei ihm, die man durch das Rohr sieht. Ich sah sie am Montag, nahm aber nicht besondere Notiz von ihrer Position. Gestern sah ich wieder nach. Ich hätte schwören können, sie hatten ihre Position geändert. Was ist das? Sie stehen wieder anders. *(In Bewegung)* Sieh durch!

Sagredo. Ich sehe nur drei.

Galilei. Wo ist der vierte? Da sind die Tabellen. Wir müssen ausrechnen, was für Bewegungen sie gemacht haben können.

(Sie setzen sich erregt zur Arbeit. Es wird dunkel auf der Bühne, jedoch sieht man weiter am Rundhorizont den Jupiter und seine Begleitsterne. Wenn es wieder hell wird, sitzen sie immer noch, mit Wintermänteln an.)

Galilei. Es ist bewiesen. Der vierte kann nur hinter den Jupiter gegangen sein, wo man ihn nicht sieht. Da hast du eine Sonne, um die kleinere Sterne kreisen.

Sagredo. Aber die Kristallschale, an die der Fixstern Jupiter angeheftet ist?

Galilei. Ja, wo ist sie jetzt? Wie kann der Jupiter angeheftet sein, wenn die andern Sterne um ihn kreisen? Da ist keine Stütze am Himmel, da ist kein Halt im Weltall! Da ist eine andere Sonne!
Sagredo. Beruhige dich. Du denkst zu schnell.
Galilei. Was, schnell! Mensch, reg dich auf! Was du siehst, hat noch keiner gesehen. Sie hatten recht!
Sagredo. Wer? Die Kopernikaner?
Galilei. Und der andere! Die ganze Welt war gegen sie, und sie hatten recht. Das ist was für Andrea! *(Er läuft außer sich zur Tür und ruft hinaus)* Frau Sarti! Frau Sarti!
Sagredo. Galilei, du sollst dich beruhigen!
Galilei. Sagredo, du sollst dich aufregen!
Sagredo (dreht das Fernrohr weg). Willst du aufhören, wie ein Narr herumzubrüllen?
Galilei. Willst du aufhören, wie ein Stockfisch dazustehen, wenn die Wahrheit entdeckt ist?
Sagredo. Ich stehe nicht wie ein Stockfisch, sondern ich zittere, es könnte die Wahrheit sein.
Galilei. Was?
Sagredo. Hast du allen Verstand verloren? Weißt du wirklich nicht mehr, in was für eine Sache du kommst, wenn das wahr ist, was du da siehst? Und du es auf Märkten herumschreist? Daß da eine neue Sonne ist, um die sich andere Erden drehen!
Galilei. Ja, und daß nicht das ganze riesige Weltall mit allen Gestirnen sich um unsere winzige Erde dreht, wie jeder sich denken konnte.
Sagredo. Daß da also nur Gestirne sind! – Und wo ist dann Gott?
Galilei. Was meinst du damit?
Sagredo. Gott! wo ist Gott?
Galilei (zornig). Dort nicht! So wenig wie er hier auf der Erde zu finden ist, wenn dort Wesen sind und ihn hier suchen sollten!
Sagredo. Und wo ist also Gott?
Galilei. Bin ich Theologe? Ich bin Mathematiker.
Sagredo. Vor allem bist du ein Mensch. Und ich frage dich, wo ist Gott in deinem Weltsystem?
Galilei. In uns oder nirgends!
Sagredo (schreiend). Wie der Verbrannte gesagt hat?
Galilei. Wie der Verbrannte gesagt hat!
Sagredo. Darum ist er verbrannt worden! Vor noch nicht zehn Jahren!
Galilei. Weil er nichts beweisen konnte! Weil er es nur behauptet hat!
Sagredo. Galilei, ich habe dich immer als einen schlauen Mann gekannt.

Siebzehn Jahre in Padua und drei Jahre in Pisa hast du Hunderte von Schülern geduldig das Ptolemäische System gelehrt, das die Kirche verkündet und die Schrift bestätigt, auf der die Kirche beruht. Du hast es für falsch gehalten mit dem Kopernikus, aber du hast es gelehrt.
Galilei. Weil ich nichts beweisen konnte.
Sagredo (ungläubig). Und du glaubst, das macht einen Unterschied?
Galilei. Allen Unterschied! Sieh her, Sagredo! Ich glaube an den Menschen, und das heißt, ich glaube an seine Vernunft!

Das Dokumentartheater

Heinar Kipphardt: In der Sache J. Robert Oppenheimer (I, 1)

Die Bühne ist offen. Sichtbare Tiefstrahler. Die Szene ist zum Zuschauerraum hin von einer weißen Gardine begrenzt, genügend hoch, um die folgenden Filmdokumente wiederzugeben: Wissenschaftler, die in ihren Kampfanzügen wie Militärs aussehen, zählen in englischer, russischer und französischer Sprache 4–3–2–1–0–, um Testexplosionen auszulösen.

Die Wolkenbildungen verschiedener Atomexplosionen entwickeln sich in großer Schönheit, von Wissenschaftlern durch Schwarzfilter beobachtet.

Die Radiumschatten einiger Opfer der Atomexplosion von Hiroshima auf einer Hauswand.

Die Gardine öffnet sich.

Erste Szene

Ein kleines, häßliches Büro aus weißgestrichenen Bretterwänden. Der Raum ist provisorisch für die Zwecke des Verhörs hergerichtet worden.

Auf einem Podest an der Stirnseite des Raumes stehen ein Tisch und drei schwarze Ledersessel für die Mitglieder des Ausschusses. Dahinter an der Wand die Fahne der Vereinigten Staaten. Vor dem Podest, zu ebener Erde, sitzen die Stenographen mit ihren Geräten.

Auf der rechten Seite arbeiten die Anwälte der Atomenergiekommission Robb und Rolander in Stößen von Dokumenten.

Auf einem Podest ihnen gegenüber stehen Tische und Stühle für Oppenheimers Anwälte. Davor zu ebener Erde ein altes, kleines Ledersofa.

J. Robert Oppenheimer betritt das Zimmer 2022 durch eine Seitentür rechts. Er ist von seinen beiden Anwälten begleitet. Nach seiner Gewohnheit geht er leicht vornübergebeugt, den Kopf schief gehalten. Ein Beamter geleitet ihn quer durch den Raum zu dem Ledersofa. Seine Anwälte breiten ihre Materialien aus. Er legt seine Rauchutensilien ab und geht an die Rampe.

Oppenheimer. Am 12. April 1954, wenige Minuten vor zehn, betrat J. Robert Oppenheimer, Professor der Physik in Princeton, ehemals Direktor der Atomwaffenlaboratorien von Los Alamos und späterer Regierungsberater in Atomfragen, das Zimmer 2022 im Gebäude T 3 der Atomenergiekommission in Washington, um einem Sicherheitsausschuß Fragen nach seinen Ansichten, seinen Verbindungen, seinen Handlungen zu beantworten, die verdächtigt wurden, illoyal gewesen zu sein.
Am Abend vor der Untersuchung hatte Senator McCarthy in einem Fernsehinterview erklärt:
(*Auf die weißen Hänger, die die Szene nach hinten begrenzen, wird sehr groß ein Foto des Senators McCarthy projiziert. Der Darsteller des Oppenheimer geht zu dem Ledersofa und stopft seine Pfeife. Aus den Lautsprechern kommt eine vor Erregung bebende Stimme.*)

Stimme McCarthys. Wenn in unserer Regierung keine Kommunisten sitzen, warum verzögern wir dann die Wasserstoffbombe um 18 Monate, während unsere Abwehrdienste Tag für Tag melden, daß die Russen die H-Bombe fieberhaft vorantreiben? Jetzt ist sie da! Jetzt ist unser Monopol gebrochen! – Wenn ich heute abend Amerika sage, daß unsere Nation sehr wohl untergehen kann, dann wird sie wegen dieser Verzögerung von 18 Monaten untergehen. Und ich frage euch, wer ist daran schuld? Waren es loyale Amerikaner oder waren es Verräter, die unsere Regierung absichtlich falsch beraten haben, die sich als Atomhelden feiern ließen und deren Verbrechen endlich untersucht gehören. –
(*Durch eine kleine Tür an der Stirnseite betreten die Ausschußmitglieder den Raum. Die Anwesenden erheben sich für einen Moment. Danach setzen sich alle.*)

Gray. Der Ausschuß, der von der Atomenergiekommission der Vereinigten Staaten benannt wurde, um zu untersuchen, ob Dr. J. Robert Oppenheimer die Sicherheitsgarantie fernerhin erteilt werden kann, besteht

aus den Mitgliedern Thomas A. Morgan, Ward V. Evans und mir, Gordon Gray, dem Vorsitzenden. –
Die Anwälte der Atomenergiekommission sind Roger Robb und C. A. Rolander. –
Dr. Oppenheimer ist als Zeuge in eigener Sache anwesend. Seine Anwälte sind Lloyd K. Garrison und Herbert S. Marks. Die Untersuchung ist kein Gerichtsverfahren. Sie soll der Öffentlichkeit gegenüber vollständig vertraulich behandelt werden.

Gray. Julius Robert Oppenheimer, wollen Sie schwören, daß Sie vor diesem Ausschuß die Wahrheit sagen wollen, die ganze Wahrheit und nichts als die Wahrheit, so wahr Ihnen Gott helfe?

Oppenheimer. Ich schwöre es.

Gray. Das Verhör kann beginnen. – Ich darf Sie in den Zeugenstand bitten. – Mr. Robb.

(*Oppenheimer begibt sich in einen Drehstuhl, dem Ausschuß gegenüber. Er setzt sich, zündet seine Pfeife an.*)

Robb. Sie sind der Vater der Atombombe genannt worden, Doktor?

Oppenheimer. In den Illustrierten. Ja.

Robb. Sie würden sich selber nicht so bezeichnen?

Oppenheimer. Es ist kein sehr hübsches Kind, und es hat an die hundert Väter, wenn wir die Grundlagenforschung berücksichtigen. In einigen Ländern.

Robb. Aber das Baby kam schließlich in Los Alamos zur Welt, in den Laboratorien, die Sie gegründet haben und deren Direktor Sie von 1943 bis 1945 waren.

Oppenheimer. Wir haben dieses Patentspielzeug gemacht, ja.

Robb. Das wollen Sie nicht bestreiten, Doktor.

(*Oppenheimer lacht.*)

Sie haben es in einer begeisternd kurzen Zeit gemacht, getestet und schließlich über Japan abgeworfen, nicht wahr?

Oppenheimer. Nein.

Robb. Nicht?

Oppenheimer. Der Abwurf der Atombombe auf Hiroshima, das war eine politische Entscheidung, nicht meine.

Robb. Aber Sie unterstützten den Abwurf der Atombombe auf Japan, oder nicht?

Oppenheimer. Was meinen Sie mit „unterstützen"?

Robb. Sie halfen die Ziele aussuchen, nicht wahr?

Oppenheimer. Ich tat meine Arbeit. Wir bekamen eine Liste mit den möglichen Zielen –

Robb. Welche?
Oppenheimer. Hiroshima, Kokura, Nigata, Kyoto, – (*es werden Teilansichten dieser Städte auf die Hänger des Hintergrundes projiziert*) – und wir wurden als Fachleute gefragt, welche Ziele sich für den Abwurf der Atombombe nach unseren Testerfahrungen am besten eignen würden.
Robb. Wer ist „wir", Doktor?
Oppenheimer. Ein Rat von Atomphysikern, den der Kriegsminister dazu eingesetzt hatte.
Robb. Wer gehörte dazu?
Oppenheimer. Fermi, Lawrence, Arthur H. Compton und ich. (*Es werden die Fotos dieser Wissenschaftler projiziert.*)
Robb. Und Sie hatten die Ziele auszusuchen?
Oppenheimer. Nein. Wir gaben die wissenschaftlichen Daten über die Eignung der Ziele.
Robb. Welche Eigenschaften hielten Sie für wünschenswert?
Oppenheimer. Nach unseren Berechnungen sollte das Areal einen Durchmesser von zwei Meilen haben, mindestens, dicht bebaut sein, möglichst mit Holzgebäuden, des Luftdrucks und der nachfolgenden Brandwelle wegen. Die ausgewählten Ziele sollten ferner einen hohen militärisch-strategischen Wert besitzen und von früheren Bombardements unberührt sein.
Robb. Warum das, Doktor?
Oppenheimer. Um die Wirkung einer einzelnen Atombombe exakt messen zu können.
Evans. Diese militärischen Erwägungen immerhin, ich meine, das war die Sache von Physikern damals?
Oppenheimer. Ja. Weil nur wir diese Erfahrungen hatten.
Evans. Ich verstehe. Es ist ungewohnt für mich. Was haben Sie dabei empfunden?
Oppenheimer. Ich habe mich das später gefragt. Ich weiß es nicht. Ich war sehr erleichtert, als der Kriegsminister die berühmte Tempelstadt Kyoto, die das größte und empfindlichste Ziel war, auf unsere Empfehlungen hin von der Liste strich.
Robb. Aber dem Abwurf der Atombombe auf Hiroshima widersetzten Sie sich nicht?
Oppenheimer. Wir gaben Argumente, die dagegen –
Robb. Ich frage Sie, Doktor, ob S i e sich widersetzten?
Oppenheimer. Ich gab Argumente, die dagegen sprachen.
Robb. Gegen den Abwurf der Atombombe?

Oppenheimer. Richtig. Aber ich verfocht sie nicht. Nicht nachdrücklich.

Robb. Sie meinen, nachdem Sie drei oder vier Jahre Tag und Nacht daran gearbeitet hatten, die Atombombe zu machen, argumentierten Sie, das Ding nicht zu gebrauchen?

Oppenheimer. Nein. Als ich vom Kriegsminister gefragt wurde, gab ich ihm die Argumente, die dafür und die dagegen sprachen. Ich äußerte Befürchtungen.

Robb. Und bestimmten Sie nicht auch die Höhe, Doktor, in der die Atombombe zu zünden sei, um die größte Wirkung zu haben?

Oppenheimer. Wir machten als Fachleute die Arbeit, die man von uns verlangte. Aber wir entschieden damit nicht, die Bombe tatsächlich zu werfen.

Robb. Sie wußten natürlich, daß der Abwurf der Atombombe auf das von Ihnen ausgesuchte Ziel Tausende von Zivilisten töten würde?

Oppenheimer. Nicht so viele, wie sich herausstellte.

Robb. Wieviele wurden getötet?

Oppenheimer. 70 000.

Robb. Hatten Sie deshalb moralische Skrupel?

Oppenheimer. Schreckliche.

Robb. Sie hatten schreckliche moralische Skrupel?

Oppenheimer. Ich kenne niemanden, der nach dem Abwurf der Bombe nicht schreckliche moralische Skrupel gehabt hätte.

Robb. Ist das nicht ein bißchen schizophren?

Oppenheimer. Was? Moralische Skrupel zu haben?

Robb. Das Ding zu machen, die Ziele auszusuchen, die Zündhöhe zu bestimmen und dann über den Folgen in moralische Skrupel zu fallen? Ist das nicht ein bißchen schizophren, Doktor?

Oppenheimer. Ja. – Es ist die Art von Schizophrenie, in der wir Physiker seit einigen Jahren leben.

Die Tragikomödie Dürrenmatts und Frischs

Friedrich Dürrenmatt: Der Besuch der alten Dame (III. Akt, Schlußszene)

(Die Bühne wird dunkel. Im schwachen Mondlicht sind die Menschen nur undeutlich zu sehen.)

Der Bürgermeister. Bildet eine Gasse.
   (Die Güllener bilden eine kleine Gasse, an deren Ende der Turner steht, nun in eleganten weißen Hosen, eine rote Schärpe über dem Turnerleibchen.)
Der Bürgermeister. Herr Pfarrer, darf ich bitten.
   (Der Pfarrer geht langsam zu Ill, setzt sich zu ihm.)
Der Pfarrer. Nun, Ill, Ihre schwere Stunde ist gekommen.
Ill. Eine Zigarette.
Der Pfarrer. Eine Zigarette, Herr Bürgermeister.
Der Bürgermeister (mit Wärme). Selbstverständlich. Eine besonders gute.
   (Er reicht die Schachtel dem Pfarrer, der sie Ill hinhält. Der nimmt eine Zigarette, der Polizist gibt ihm Feuer, der Pfarrer gibt die Schachtel wieder dem Bürgermeister zurück.)
Der Pfarrer. Wie schon der Prophet Amos gesagt hat –
Ill. Bitte nicht.
   (Ill raucht.)
Der Pfarrer. Sie fürchten sich nicht?
Ill. Nicht mehr sehr.
   (Ill raucht.)
Der Pfarrer hilflos. Ich werde für Sie beten.
Ill. Beten Sie für Güllen.
   (Ill raucht. Der Pfarrer steht langsam auf.)
Der Pfarrer. Gott sei uns gnädig.
   (Der Pfarrer geht langsam in die Reihen der andern.)
Der Bürgermeister. Erheben Sie sich, Alfred Ill.
   (Ill zögert.)
Der Polizist. Steh auf, du Schwein.
   (Er reißt ihn in die Höhe.)
Der Bürgermeister. Polizeiwachtmeister, beherrschen Sie sich.
Der Polizist. Verzeihung. Es ging mit mir durch.
Der Bürgermeister. Kommen Sie, Alfred Ill.
   (Ill läßt die Zigarette fallen, tritt sie mit dem Fuß aus. Geht dann langsam in die Mitte der Bühne, kehrt sich mit dem Rücken gegen das Publikum.)

Der Bürgermeister. Gehen Sie in die Gasse.
  (Ill zögert.)
Der Polizist. Los, geh.
  (Ill geht langsam in die Gasse der schweigenden Männer. Ganz hinten stellt sich ihm der Turner entgegen. Ill bleibt stehen, kehrt sich um, sieht wie sich unbarmherzig die Gasse schließt, sinkt in die Knie. Die Gasse verwandelt sich in einen Menschenknäuel, lautlos, der sich ballt, der langsam niederkauert. Stille. Von links vorne kommen Journalisten. Es wird hell.)
Pressemann I. Was ist denn hier los?
  (Der Menschenknäuel lockert sich auf. Die Männer sammeln sich im Hintergrund, schweigend. Zurück bleibt nur der Arzt, vor einem Leichnam kniend, über den ein kariertes Tischtuch gebreitet ist, wie es in Wirtschaften üblich ist. Der Arzt steht auf. Nimmt das Stethoskop ab.)
Der Arzt. Herzschlag.
  (Stille.)
Der Bürgermeister. Tod aus Freude.
Pressemann I. Tod aus Freude.
Pressemann II. Das Leben schreibt die schönsten Geschichten.
Pressemann I. An die Arbeit.
  (Die Journalisten eilen nach rechts hinten. Von links kommt Claire Zachanassian, vom Butler gefolgt. Sie sieht den Leichnam, bleibt stehen, geht dann langsam nach der Mitte der Bühne, kehrt sich gegen das Publikum.)
Claire Zachanassian. Bringt ihn her.
  (Roby und Toby kommen mit einer Bahre, legen Ill darauf und bringen ihn vor die Füße Claire Zachanassians.)
Claire Zachanassian (unbeweglich). Deck ihn auf, Boby.
  (Der Butler deckt das Gesicht Ills auf. Sie betrachtet es, regungslos, lange.)
Claire Zachanassian. Er ist wieder so, wie er war, vor langer Zeit, der schwarze Panther. Deck ihn zu.
  (Der Butler deckt das Gesicht wieder zu.)
Claire Zachanassian. Tragt ihn in den Sarg.
  (Roby und Toby tragen den Leichnam nach links hinaus.)
Claire Zachanassian. Führ mich in mein Zimmer, Boby. Laß die Koffer packen. Wir fahren nach Capri.
  (Der Butler reicht ihr den Arm, sie geht langsam nach links hinaus, bleibt stehen.)

Claire Zachanassian. Bürgermeister.
(Von hinten, aus den Reihen der schweigenden Männer, kommt langsam der Bürgermeister nach vorne.)
Claire Zachanassian. Der Scheck.
(Sie überreicht ihm ein Papier und geht mit dem Butler hinaus.)

(Drückten die immer besseren Kleider den anwachsenden Wohlstand aus, diskret, unaufdringlich, doch immer weniger zu übersehen, wurde der Bühnenraum stets appetitlicher, veränderte er sich, stieg er in seiner sozialen Stufenleiter, als siedelte man von einem Armeleutequartier unmerklich in eine moderne wohlsituierte Stadt über, reicherte er sich an, so findet diese Steigerung nun im Schlußbild ihre Apotheose. Die einst graue Welt hat sich in etwas technisch Blitzblankes, in Reichtum verwandelt, mündet in ein Welthappy-end ein. Fahnen, Girlanden, Plakate, Neonlichter umgeben den renovierten Bahnhof, dazu die Güllener, Frauen und Männer in Abendkleidern und Fräcken, zwei Chöre bildend, denen der griechischen Tragödien angenähert, nicht zufällig, sondern als Standortsbestimmung, als gäbe ein havariertes Schiff, weit abgetrieben, die letzten Signale.)

Chor I. Ungeheuer ist viel
    Gewaltige Erdbeben
    Feuerspeiende Berge, Fluten des Meeres
    Kriege auch, Panzer durch Kornfelder
    rasselnd
    Der sonnenhafte Pilz der Atombombe.
Chor II. Doch nichts ungeheuerer als die
    Armut
    Die nämlich kennt kein Abenteuer
    Trostlos umfängt sie das Menschengeschlecht
    Reiht
    Öde Tage an öden Tag.
Die Frauen. Hilflos sehen die Mütter
    Liebes, Dahinsiechendes.
Die Männer. Der Mann aber
    Sinnt Empörung
    Denkt Verrat.
Der Erste. In schlechten Schuhen geht er dahin.
Der Dritte. Stinkendes Kraut zwischen den Lippen.
Chor I. Denn die Arbeitsplätze, die brotbringenden einst
    Sind leer.

Chor II. Und die sausenden Züge meiden den Ort.
Alle. Wohl uns
Frau III. Denen ein freundlich Geschick
Alle. Dies alles wandte
Die Frauen. Ziemende Kleidung umschließt
  den zierlichen Leib nun
Der Sohn. Es steuert der Bursch den sportlichen Wagen
Die Männer. Die Limousine der Kaufmann
Die Tochter. Das Mädchen jagt nach dem Ball
  auf roter Fläche
Der Arzt. Im neuen, grüngekachelten Operationssaal
  operiert freudig der Arzt
Alle. Das Abendessen
  Dampft im Haus. Zufrieden
  Wohlbeschuht
  Schmaucht ein jeglicher besseres Kraut.
Der Lehrer. Lernbegierig lernen die Lernbegierigen.
Der Zweite. Schätze auf Schätze türmt der emsige Industrielle.
Alle. Rembrandt auf Rubens
Der Maler. Die Kunst ernähret den Künstler vollauf.
Der Pfarrer. Es berstet an Weihnachten, Ostern und Pfingsten
  Vom Andrang der Christen das Münster
Alle. Und die Züge,
  Die blitzenden hehren
  Eilend auf eisernen Gleisen
  Von Nachbarstadt zu Nachbarstadt, völkerverbindend,
  Halten wieder.
  (Von links kommt der Kondukteur.)
Der Kondukteur. Güllen.
Der Bahnhofvorstand. D-Zug Güllen-Rom, einsteigen bitte! Salonwagen vorne!
  (Aus dem Hintergrund kommt Claire Zachanassian in ihrer Sänfte, unbeweglich, ein altes Götzenbild aus Stein, zwischen den beiden Chören hervor, von ihrem Gefolge begleitet.)
Der Bürgermeister. Es ziehet
Alle. Die reich uns beschenkte
Die Tochter. Die Wohltäterin
Alle. Mit ihrem edlen Gefolge davon!

(Claire Zachanassian verschwindet rechts außen, zuletzt tragen die Dienstmänner den Sarg auf einem langen Weg hinaus.)

Der Bürgermeister. Sie lebe denn wohl.
Alle. Teures führt sie mit sich, ihr Anvertrautes.
Der Bahnhofvorstand. Abfahrt!
Alle. Es bewahre uns aber
Der Pfarrer. Ein Gott
Alle. In stampfender, rollender Zeit
Der Bürgermeister. Den Wohlstand
Alle. Bewahre die heiligen Güter uns, bewahre Frieden
   Bewahre die Freiheit
   Nacht bleibe fern
   Verdunkele nimmermehr unsere Stadt
   Die neuerstandene prächtige,
   Damit wir das Glückliche glücklich genießen.

Max Frisch: „Die Chinesische Mauer" (Szene 7)

Der Heutige. Ich komme aus einer andern Zeit. Ich bin älter als Sie, Prinzessin, etwa zweitausend Jahre.
Mee Lan. Dann weißt du unsere Zukunft schon?
Der Heutige. In einem gewissen Sinn, o ja.
Mee Lan. O sagt mir, was ihr wißt!
Der Heutige. Was wir wissen? . . .
Mee Lan. Sprich!
Der Heutige. Zum Beispiel: – Energie gleich Masse mal Lichtgeschwindigkeit im Quadrat. Wobei die Lichtgeschwindigkeit (dreihunderttausend Kilometer in der Sekunde) die einzige absolute Größe ist, womit wir heutzutage überhaupt messen können. Alles übrige, wissen wir, ist relativ.
Mee Lan. Das versteh ich nicht.
Der Heutige. Auch die Zeit, zum Beispiel, ist relativ . . . Setzen Sie sich auf einen Lichtstrahl, Prinzessin, und Sie werden feststellen: Es gibt keinen Raum (für Sie), daher auch keine Zeit. Und unendlich langsam wird auch jeder Gedanke sein. Nein! denken Sie: Ich will nicht ewig sein! und steigen von Ihrem Lichtstrahl ab. Nicht eine Sekunde älter

(ich verspreche es Ihnen) kommen Sie wieder hieher. Auf unserer Erde aber, siehe da, sind unterdessen zweitausend Jahre vergangen –

Mee Lan. Zweitausend Jahre?

Der Heutige. Unwiderrufbar...

Mee Lan. Das ist es, was ihr wißt?

Der Heutige. Unter anderem.

Mee Lan. Und was wißt ihr vom Menschen?

Der Heutige. Daß er irrt, solange er mißt – in einem Raum, der nicht endlos ist, doch unbegrenzt; der Raum krümmt sich in sich selbst zurück.

Mee Lan. Ach.

Der Heutige. Nach Einstein.

Mee Lan. Das kann ich mir nicht vorstellen.

Der Heutige. Niemand, auch kein Heutiger, Prinzessin, kann es sich vorstellen, so wenig wie man sich Gott vorstellen kann.

Mee Lan. Ihr glaubt an einen Gott?

Der Heutige. Was soll ich dazu sagen!... Energie gleich Masse mal Lichtgeschwindigkeit im Quadrat, das heißt: Masse ist Energie, eine ungeheuerliche Ballung von Energie. Und wehe, wenn sie losgeht! Und sie geht los. Vermutlich seit zwei Milliarden Jahren. Was ist unsere Sonne? Eine Explosion. Das ganze All: eine Explosion. Es stiebt auseinander. Und was wird bleiben? Die größere Wahrscheinlichkeit (so lehrt unsere moderne Physik) spricht für das Chaos, für den Zerfall der Masse. Die Schöpfung (so lehrt unsere moderne Physik) war ein Ereignis der Unwahrscheinlichkeit. Und bleiben wird Energie, die kein Gefälle mehr hat, die nichts vermag. Wärme-Tod der Welt! das ist das Ende: das Endlose ohne Veränderung, das Ereignislose.

Mee Lan. Ich fragte, ob ihr an einen Gott glaubt?

Der Heutige. Man erfand das Mikroskop. Aber je schärfer man die Schöpfung durchforschte, um so weniger war von einem Schöpfer zu sehen. Man hielt sich, um Gott zu ersetzen, an das Gesetz von Ursache und Wirkung. Alles andere galt uns als Unfug. Aber plötzlich, siehe da, ein Atom mit dem freien Willen des Selbstmörders: das Radium-Atom. Und überhaupt das Verhalten der Elektronen! Die Materie, das Einzige, woran wir uns halten können, was ist sie? Ein Tanz von Zahlen? Eine Figur des Geistes? Soweit sind wir heute: Gott, der nicht im Mikroskop zu finden war, rückt uns bedrohlich in die Rechnung: wer ihn nicht denken muß, hat aufgehört zu denken. – Warum sehen Sie mich so an?

Mee Lan. Ich weiß es nicht.

Das Theater des Absurden

Samuel Beckett: Warten auf Godot (Erster Akt)

Estragon. Komm, wir gehen!
Wladimir. Wir können nicht.
Estragon. Warum nicht?
Wladimir. Wir warten auf Godot.
Estragon. Ach ja. *(Pause.)*
Estragon. Bist du sicher, daß es hier ist?
Wladimir. Was?
Estragon. Wo wir warten sollen.
Wladimir. Er sagte, vor dem Baum. *(Sie betrachten den Baum.)* Siehst du sonst noch Bäume?
Estragon. Was ist das für einer?
Wladimir. Ich weiß nicht . . . Eine Weide.
Estragon. Wo sind die Blätter?
Wladimir. Sie wird abgestorben sein.
Estragon. Ausgetrauert.
Wladimir. Es sei denn, daß es an der Jahreszeit liegt.
Estragon. Ist das nicht vielmehr ein Bäumchen?
Wladimir. Ein Strauch.
Estragon. Ein Bäumchen
Wladimir. Ein – *(Er setzt von neuem an.)* Was willst du damit sagen? Daß wir uns im Platz geirrt hätten?
Estragon. Er müßte eigentlich hier sein.
Wladimir. Er hat nicht fest zugesagt, daß er käme.
Estragon. Und wenn er nicht kommt?
Wladimir. Kommen wir morgen wieder.
Estragon. Und dann übermorgen.
Wladimir. Vielleicht.
Estragon. Und so weiter.
Wladimir. Das heißt . . .
Estragon. Bis er kommt.
Wladimir. Du bist unbarmherzig.
Estragon. Wir sind gestern schon hier gewesen.
Wladimir. Ach was, da täuschst du dich.
Estragon. Was haben wir gestern getan?
Wladimir. Was wir gestern getan haben?
Estragon. Ja.

Wladimir. Hm . . . Ärgerlich. Wenn was zu bezweifeln ist, bist du da.
Estragon. Ich meine, daß wir hier waren.
Wladimir (blickt in die Runde): Kommt dir die Gegend bekannt vor?
Estragon. Das will ich nicht sagen.
Wladimir. Warten wir ab, was er uns sagen wird.
Estragon. Wer?
Wladimir. Godot.
Estragon. Ach ja.

— — —

Wladimir. Ich glaubte, er sei es.
Estragon. Wer?
Wladimir. Godot.
Estragon. Pah! Der Wind im Schilf. Komm, wir gehen.
Wladimir. Wohin? Heute abend schlafen wir vielleicht bei ihm, im Warmen, im Trocknen, mit vollem Bauch, auf Stroh. Dann lohnt es sich zu warten. Nicht?

— — —

Estragon. Ich frage, ob wir gebunden sind.
Wladimir. Gebunden?
Estragon. Gebunden.
Wladimir. Wie gebunden?
Estragon. An Händen und Füßen.
Wladimir. Aber an wen? Durch wen?
Estragon. An deinen guten Mann.
Wladimir. An Godot? Gebunden an Godot? Wie kommst du darauf? Nie im Leben. Noch – nie.
Estragon. Heißt er Godot?
Wladimir. Ich glaube.
Estragon. Was sollen wir jetzt machen?
Wladimir. Ich weiß nicht.
Estragon. Komm, wir gehen.
Wladimir. Wir können nicht.
Estragon. Warum nicht?
Wladimir. Wir warten auf Godot.
Estragon. Ach ja.

Das Sprechtheater Peter Handkes: Kaspar

Kaspar wird zum Sprechen gebracht. Er wird mit Sprechmaterial zum Sprechen allmählich angestachelt.

Kaspar: **Die Einsager:**

Kaspar bleibt noch stumm.   Der Tisch ist dir ein Ekel. Aber der Stuhl ist ein Ekel, weil er kein Tisch ist. Aber der Besen ist ein Ekel, weil der Stuhl kein Tisch ist. Aber dein Schuhband ist ein Ekel, weil der Besen kein Stuhl ist. Aber der Besen ist kein Ekel, weil er ein Tisch ist. Aber der Stuhl ist kein Ekel, weil er sowohl der Tisch als auch das Schuhband ist. Aber das Schuhband ist kein Ekel, weil es sowohl kein Stuhl als auch kein Tisch als auch kein Besen ist. Aber der Tisch ist ein Ekel, weil er ein Tisch ist. Aber Tisch, Stuhl, Besen und Schuhband sind ein Ekel, weil sie Tisch, Stuhl, Besen und Schuhband heißen. Sie sind dir ein Ekel, weil du n i c h t weißt, wie sie heißen:

Kaspar beginnt zu sprechen:
Heruntergekommen.
Er fängt ein wenig zu sprechen an:
Weil.
Oft.
Mich.
Nie.
Wenigstens.
Hinein.
Los.
Mir.
Nichts.
Obwohl.
Wie.

Sie füttern ihn weiter mit enervierenden Wörtern: Denn ein Schrank, auf dem du sitzt, ist ein Stuhl, oder? Oder ein Stuhl, auf dem du sitzt, ist ein Schrank, wenn er auf dem Platz des Schranks steht, oder? Oder ein Stuhl, der auf dem Platz des Schranks steht, ist ein Stuhl, wenn du darauf sitzt, oder? Oder ein Stuhl, auf dem du sitzt, ist ein Schrank, sobald er mit einem Schlüssel zu öffnen ist und Kleider darin hängen, auch wenn er auf dem Platz des Tisches steht und du mit ihm den Boden reinfegen kannst, oder?

Weil mich schon wenigstens hier.

Er kommt einem ordentlichen Satz immer näher:
In die Hände.
Weiter und breit.
Oder dort.
Hinausgefallen.
Augen geschlagen.
Niemand ist.
Geht weder nachhause.
Dem Loch.
Ziegenaugen.
Wasserfang.
Wie finster.
Totgerufen.

Wenn ich mich schon hier wenigstens weitersagen.

Aale. Laufen
Gesotten. Von hinten.
Rechts. Später. Pferd.
Nie gestanden. Schreist.
Schneller. Eiter. Haue.
Wimmerst. Das Knie.
Zurück. Kriechst.
Hütte. Sofort.
Kerze. Raureif. Spannen.
Erwartest. Sträubst.
Ratten. Einzig. Schlimmer.
Gingst. Lebend. Weiter.
Sprangst. Ja. Sollst.

Ein Tisch ist ein Wort, das du auf den Schrank anwenden kannst, und du hast einen wirklichen Schrank und einen möglichen Tisch an der Stelle des Tisches, und? Und ein Stuhl ist ein Wort, das du auf den Besen anwendest, so daß du einen wirklichen Besen und einen möglichen Stuhl an der Stelle des Stuhls hast, und? Und ein Besen ist ein Wort, das du auf dein Schuhband anwenden kannst, und du hast ein wirkliches Schuhband und einen unmöglichen Besen an der Stelle des Schuhbands, und? Und ein Schuhband ist ein Wort, das du auf den Tisch anwendest, so daß du plötzlich weder einen Tisch noch ein Schuhband an der Stelle des Tisches hast, und?

Der Stuhl tut dir noch weh, aber das Wort Stuhl freut dich schon. Der Tisch tut dir noch weh, aber das Wort Tisch freut dich schon. Der Schrank tut noch ein wenig weh, aber das Wort Schrank freut dich schon mehr. Das Wort Schuhband tut schon weniger weh, weil dich das Wort Schuhband immer mehr freut. Der Besen tut dir umso weniger weh, je mehr dich das Wort Besen freut. Die Worte tun dir nicht mehr weh, wenn dich das Wort Worte freut. Die Sätze freuen dich umso mehr, je mehr dich das Wort Sätze freut: Sätze. Sätze: Sätze: Sätze . . .

Kaspar spricht einen ordentlichen Satz:
Damals, als ich noch weg war, habe ich niemals so viele Schmerzen im Kopf gehabt, und man hat mich nicht so gequält wie jetzt, seit ich hier bin.
Es wird schwarz.

Es wird hell. Er fängt langsam zu sprechen an:
Nachdem ich, wie ich jetzt erst sehe, hereingekommen war, habe ich, wie ich jetzt erst sehe, das Sofa in Unordnung gebracht, darauf die, wie ich jetzt erst sehe, Schranktür, an der ich, wie ich jetzt erst sehe, mich, wie ich jetzt erst sehe, mit dem F u ß zu schaffen machte, offengelassen, darauf die Lade aus dem Tisch, wie ich jetzt erst sehe, gerissen, darauf einen, – wie ich jetzt erst sehe, anderen – Tisch umgeworfen, darauf einen Schaukelstuhl, wie ich jetzt erst sehe, a u c h umgeworfen, sowie einen weiteren Stuhl und einen Besen umgeworfen, wie ich jetzt erst sehe, worauf ich auf den einzigen Stuhl, der noch stand, zu (wie ich jetzt erst sehe) ging und mich setzte. Ich sah weder etwas noch hörte ich etwas, und es ging mir gut. *Er steht auf.* Jetzt bin

ich aufgestanden und habe gleich bemerkt, nicht erst jetzt, daß mein Schuhband aufgegangen war. Weil ich jetzt sprechen kann, kann ich das Schuhband in Ordnung bringen. S e i t ich sprechen kann, kann ich mich ordnungsgemäß nach dem Schuhband bücken. S e i t ich sprechen kann, kann ich a l l e s in Ordnung bringen.

III. Teil

ARBEITSVORSCHLÄGE

(Die Fragen und Aufgaben der Arbeitsvorschläge beziehen sich auf die theoretischen Texte des ersten Teils und die Szenenbeispiele des zweiten Teil dieses Bandes.)

1. Zum Kapitel: Die antike Tragödie

Hat die antike Tragödie uns heute noch etwas zu sagen? Siehe die Aufsätze „Bemerkungen zum Aristotelischen Drama" und „Die Aktualität des antiken Dramas".

Welchen Einfluß hat die Dramentheorie des Aristoteles auf Theoretiker und Dramatiker späterer Jahrhunderte und unserer Zeit (z. B. auf Gottsched, Lessing, Goethe, Brecht, Dürrenmatt, Handke u. a.)?

Erläutern Sie den Begriff „Analytische Tragödie" anhand der angegebenen Szenen aus Sophokles, „König Ödipus".

Was sagt das zweite Stasimon (Standlied des Chors) aus Sophokles' „Antigone" über die Stellung des Menschen aus?

Welche Staatsauffassungen stehen sich in dem Dialog Kreon – Hämon in Sophokles' „Antigone" gegenüber? Chrarakterisieren Sie sie!

2. Zum Kapitel: Mittelalterliche Mysterienspiele und Fastnachtsspiele

Welche Stellung nimmt der Tod als Vollstrecker eines unausweichlichen Schicksals in den Mysterienspielen „Der Ackermann aus Böhmen" und „Jedermann" dem Menschen gegenüber ein?

Inwiefern zeigen sich in der Protesthaltung des Ackermanns aus Böhmen renaissancehafte Elemente?

Vergleichen Sie das Eheverhältnis des Ackermanns aus Böhmen mit den Eheverhältnissen der Bauernehepaare in den Fastnachtsspielen des Hans

Sachs „Der fahrende Schüler im Paradeis" und „Das Kälberbrüten". Worin besteht der Unterschied?

Vergleichen sie die sprachliche Gestaltung der Mysterienspiele mit derjenigen der Fastnachtsspiele.

Deuten Sie die Mysterienspiele als Ausdruck mittelalterlicher Weltauffassung.

3. Zum Kapitel: Das Drama Shakespeares

Was zeichnet das Drama Shakespeares gegenüber allen vor und nach ihm erschienenen dramatischen Werken in besonderer Weise aus?

Worin besteht die Einmaligkeit der Shakespeareschen Dramatik? Ziehen Sie zu Ihrer Beurteilung die Aufsätze von Herder und Goethe über Shakespeare heran.

Vergleichen Sie Johann Gottfried Herders Deutung von Shakespeares „König Lear" mit derjenigen Bertolt Brechts. Welche Unterschiede stellen Sie in der Beurteilung Lears fest? (Herder: Einfühlung – Brecht: Verfremdung!)

Erklären Sie diese unterschiedliche Deutung aus dem Wesen der beiden Interpreten Herder und Brecht heraus.

Worin stimmen Herder und Goethe in der Beurteilung der Kunst Shakespeares und der Bedeutung und Wirkung seiner dramatischen Werke überein?

4. Zum Kapitel: Das Drama der Aufklärung und des Sturm und Drang

Erläutern Sie die Auseinandersetzung Friedrich Nicolais und Lessings mit der Dramentheorie des Aristoteles anhand der angeführten Abschnitte aus ihrem Briefwechsel, aus Lessings 17. Literaturbrief und seiner Hamburgischen Dramaturgie.

Kennzeichnen Sie die in den angeführten Szenenbeispielen aus Lenz', „Der Hofmeister", Lessings „Emilia Galotti" und Schillers „Kabale und Liebe" enthaltene Sozialkritik.

Sind Ihnen Beispiele aus unserer Gegenwart bekannt, die in ähnlicher Weise eine gesellschaftliche Diskriminierung, Mißachtung der Menschenwürde oder gar eine Art von Menschenhandel offenbaren?

Lenz' Blick für soziale und psychologische Problematik, seine Kunst, einzelne Szenen und Bilder von fast naturalistischer Dichte und Wirklichkeitsnähe hinzustellen, weisen auf Georg Büchner voraus; zeigen Sie unter dem Gesichtspunkt der Entwürdigung des Menschen durch die „höhere" Gesellschaft und der sozialen Anklage entsprechende Berührungspunkte auf.

Macht sich der geistige Widerspruch der Sturm- und Drang-Bewegung gegen die Aufklärung auch in sprachlicher Hinsicht bemerkbar? Vergleichen Sie die „Musikalität" der Verse in Lessings „Nathan" mit der realistischen, vitalen Aussageweise Lenz' und des jungen Schiller in deren Sturm- und Drang-Dramen „Der Hofmeister" und „Kabale und Liebe".

5. Zum Kapitel: Das Drama der Klassik

Welche ethischen Werte werden in den angegebenen Szenen aus Lessings „Nathan der Weise", Goethes „Iphigenie auf Tauris" und Schillers „Don Carlos" postuliert?

Kennzeichnen Sie die Bedeutung dieser Szenen im Rahmen des jeweiligen Dramengeschehens.

Vergleichen Sie die Szene König Philipp – Don Carlos (III, 10) aus Schillers „Don Carlos" mit dem Dialog Kreon – Hämon aus Sophokles „Antigone". Welche Parallelen ergeben sich hinsichtlich der von den vier Personen vertretenen Staatsauffassungen? Wo zeigen sich Übereinstimmung, wo Unterschiede?

Der oft vorausgesagte Klassikertod hat nicht stattgefunden. Warum nicht? Welche Gründe können dafür maßgebend sein?

Vergegenwärtigen Sie sich den szenischen Bau von Goethes „Iphigenie" anhand der Szenenfolge des ersten, dritten und vierten Aktes (I = Iphigenie, A = Arkas, Th = Thoas, O = Orest, P = Pylades):

```
I    1 I
     2 I + A
     3 I + Th
     4 I
```

III	1 I + O
	2 O
	3 I + O
IV	1 I
	2 I + A
	3 I
	4 I + P
	5 I

Zeigen Sie an der Ebenmäßigkeit dieser szenischen Gestaltung, was man unter einem „klassischen", unter einem „geschlossenen" Drama versteht (im Gegensatz zu einem „offenen" Drama, etwa Georg Büchners „Woyzeck").

Man hat gesagt, daß die Werke der Klassiker durch die Form ihrer Gestaltung und Aussage, durch die Schönheit und Melodie ihrer Sprache der Vergänglichkeit widerstehen. Teilen Sie diese Ansicht?

Lesen Sie sich die Verse Lessings („Nathan"), Goethes („Iphigenie") und Schillers („Don Carlos") laut vor! Was empfinden Sie?

Wie stellen Sie sich die Aktualisierung einer Klassiker-Aufführung vor, ohne sie zu verzerren, entstellen und verballhornen, wie die heutigen modernen Regisseure (meist um der eigenen Selbstdarstellung willen) dies tun?

6. Zum Kapitel: Das Drama Kleists – über die Klassik hinaus

Kleist eilte seiner Zeit weit voraus. Er ist einer der Vorläufer der Moderne. Worin äußert sich in den angeführten Szenen seine Modernität und „gewaltige Gegenwart" (Goethe)?

In der Szene III, 5 des „Prinz von Homburg" zeichnet Kleist ein Bild des „gebrochenen Helden". Wie beurteilen Sie die Haltung des Prinzen in dieser Szene, wie die Nataliens?

Wie beurteilen Sie die Selbstüberwindung des Prinzen von Homburg in Szene IV, 4?

Das preußische Offizierskorps und die preußische Hofgesellschaft (Prinzessin Wilhelmine, Schwägerin Friedrich Wilhelms III. und Gattin des Prinzen Wilhelm von Preußen, der das Werk gewidmet war) lehnten das Stück als schimpfliche Verunglimpfung des preußischen Ehrenkodex entrüstet ab. Wie beurteilen Sie diese Ablehnung, wie die spätere, unter den verschiedensten Gesichtspunkten erfolgte Anerkennung und Aktualisierung des Werkes? (Siehe Edgar Neis, Klassiker wieder aktuell?, Herderbücherei 9322, Freiburg 1979, S. 125 ff.)

Vergleichen Sie die expressive, aufgesplitterte, dynamisch ausbrechende Diktion Kleists in der Szene aus „Penthesilea", diesen „dynamischen Tanz der Worte", mit den sanft dahinfließenden Versen Goethes in dessen Drama „Iphigenie auf Tauris". Welcher weltanschauliche Gegensatz wird angesichts des Unterschiedes der verschiedenen sprachlichen Gestaltung offenbar?

Kann man bei Kleist von einer „Pathologie des Gefühls" sprechen? Können Sie verstehen, daß Goethe Kleists „Verwirrung der Gefühle" ablehnte und daß die Moderne ihn als einen der Ihren ansieht?

7. Zum Kapitel: Das Drama Büchners, Grabbes und Hebbels

Inwiefern widerspricht Büchners „Woyzeck" nach Inhalt und Form jeder klassischen Ordnung? (Woyzeck, der dumpfe, triebhafte Anti-Held; lose aneinandergereihte, skizzenhafte, aber ungemein suggestive Momentbilder, die den Verlust der geistigen Überlegenheit des Menschen über seine animalische Natur zeigen.)

Vergleichen Sie die Szenen aus Büchners „Woyzeck" mit der Szene aus Lessings „Emilia Galotti" und Hebbels „Maria Magdalena". Welche Gemeinsamkeiten, welche Unterschiede stellen Sie fest?

Wodurch erhält die Szene „Großer Markt in Karthago" aus Grabbes „Hannibal" ihre faszinierende Unmittelbarkeit und Lebendigkeit?

Welche Weltsicht wird in Grabbes Geschichtstheater („Hannibal": Der Untergang Karthagos) offenbar?

Was versteht man unter Hebbels „Pantragismus"? Deuten Sie den Begriff anhand der Hebbelschen Tragödien „Judith" und „Maria Magdalena".

Inwiefern ist Hebbels „Maria Magdalena" die erste rein bürgerliche Tragödie?

Verdeutlichen Sie mit Hilfe des pyramidalen Dramenschemas Gustav Freytags den Bau einiger klassischer Tragödien und Schauspiele (Lessing, „Emilia" und „Nathan", Goethe, „Iphigenie", die Dramen Schillers). Wenden Sie das Schema auch auf andere Ihnen bekannte Dramen an. Wo trifft es zu, wo nicht?

8. Zum Kapitel: Das Drama des Naturalismus

Das Drama des Naturalismus will die Wirklichkeit wiedergeben. Wie geschieht dies in Gerhart Hauptmanns Drama „Die Weber"?

Vergleichen Sie die Bühnenanweisung zum II. Akt der „Weber" mit Bühnenanweisungen klassischer oder auch realistischer Dramen.

Die Adels- und Hofgesellschaft um 1810 lehnte Kleist's „Prinz von Homburg" ab (s. o.) und verbot die Aufführung des Stückes; Kaiser Wilhelm II. kündigte 1892 anläßlich der Aufführung von Gerhart Hauptmanns „Die Weber" seine Hofloge; weitere Aufführungen wurden verboten. Sehen Sie eine Übereinstimmung in diesen Handlungen? Welche Motive waren für sie wohl maßgebend?

Wie stehen Sie zum Naturalismus? Soll der Dichter und Künstler nur Photograph der Wirklichkeit sein? Oder ist echte Nachgestaltung der Wirklichkeit und echte Wiedergabe ihrer Probleme auch Kunst? (Berücksichtigen Sie das Szenenbeispiel aus Gerhart Hauptmanns „Die Weber".)

9. Zum Kapitel: Das Drama des Expressionismus

Soll die Kunst Natur sein, wie der Naturalismus es fordert, oder soll sie wider die Natur sein, wie der Expressionismus es will? Äußern Sie Ihre Meinung und begründen Sie sie!

Welche typischen Merkmale des Expressionismus können Sie an dem angegebenen Szenenbeispiel aus Georg Kaisers Drama „Von Morgens bis Mitternachts" herausstellen?

Soll das Drama Abbild oder Sinnbild sein? Vergleichen Sie die Szene aus Gerhart Hauptmanns „Die Weber" mit der Szene „Sechstagerennen" aus Georg Kaisers „Von Morgens bis Mitternachts".

Wie spiegeln sich die Probleme der Weimarer Republik (Inflation, Schiebertum, Wirtschaftskrise, Arbeitslosigkeit, Geldgier, Rekordsucht usw.) in Georg Kaisers Drama „Von Morgens bis Mitternachts"?

Beachten Sie die symbolischen Bezüge des Dramas (Titel, Sechstagerennen, Heilsarmee, „Galerie der Leidenschaft", Ekstase usw.). Deuten Sie sie!

10. Zum Kapitel: Das epische Theater

Geben Sie die Unterschiede zwischen dem dramatischen Theater (Illusionstheater) und dem epischen Theater (Lehrtheater) an.

Was veranlaßte Bertolt Brecht, das epische Theater zu begründen?

Was versteht Brecht unter „Verfremdung"? Warum und wozu wendet er sie an?

Wie kommt Brechts Theorie vom epischen und lehrhaften Theater in seinen Stücken, hier im „Leben des Galilei", zum Ausdruck? Zu Brechts „Leben des Galilei":

Deuten Sie das Wort Galileis: „Die alte Zeit ist herum, und es ist eine neue Zeit." Charakterisieren Sie die beiden genannten Zeitepochen, die Galilei meint.

Wie spielt sich der Kampf zwischen Tradition und Fortschritt in Brechts Drama „Leben des Galilei" ab?

Glaube oder Wissenschaft? Zeigen Sie die Kontroversen zwischen beiden Prinzipien in Brechts Drama „Leben des Galilei" auf. Hat Galilei recht, wenn er sagt: „Ich würde meinen, als Wissenschaftler haben wir uns nicht zu fragen, wohin die Wahrheit uns führen mag." Vergleichen Sie mit dieser Äußerung die Haltung J. Robert Oppenheimers in Heinar Kipphardts Dokumentarstück.

Galilei sagt: „Ich habe ein Buch geschrieben über die Mechanik des Universums, das ist alles. Was daraus gemacht oder nicht gemacht wird, geht mich nichts an." Stimmen Sie diesem Wort zu? Bringen Sie es in Verbindung mit Alfred Nobels Erfindung des Dynamits, Albert Einsteins Relativitätstheorie und Otto Hahns Spaltung des Urankerns und der daraus resultierenden Entwicklung der Atombombe.

Wie deuten Sie Galileis Wort: „Gott wird die Physik erlauben"?

11. Zum Kapitel: Das Dokumentartheater

Unter einem Dokumentarstück versteht man die Darstellung von Geschehnissen, die sich tatsächlich ereignet haben und die durch Dokumente (Zeitzeugen, Protokolle, Beweismaterial) zu belegen sind. Welche Probleme ergeben sich hierbei für den Autor eines Dokumentarstücks (Auswahl, Objektivität, Zusammenfassung und Veränderungen)?

Wird Heinar Kipphardts „In der Sache J. Robert Oppenheimer" den für ein Dokumentarstück notwendigen Forderungen gerecht?

Das Hauptproblem in Heinar Kipphardts „In der Sache J. Robert Oppenheimer" lautet: Darf ein Mensch seiner Ansichten wegen verfolgt werden (4. Szene)? Was hat Vorrang: Loyalität gegenüber einer Regierung (einem Staat) oder Loyalität gegenüber der Menschheit (7. Szene)? Vergleichen Sie diese Probleme und den Gewissenskonflikt Oppenheimers mit dem Problem in Brechts „Leben des Galilei" und dem Gewissenkonflikt Galileis.

Soll die Wissenschaft ungebunden und frei sein oder unter Kontrolle dem Staat (einer Partei, einer Machtgruppe) dienen?

Brecht fragt: „Kann die heutige Welt durch Theater wiedergegeben werden?" Beziehen Sie diese Frage auf das Dokumentartheater und beantworten Sie sie.

Nennen Sie andere Dokumentarstücke und charakterisieren Sie sie. Welche Probleme behandeln sie?

12. Zum Kapitel: Die Tragikomödie Dürrenmatts und Frischs

Kennzeichnen Sie das Verhältnis von Groteske und Tragik in den dramatischen Werken Dürrenmatts und Frischs.

Warum ist Dürrenmatt der Ansicht, daß uns nur noch die Komödie beikommt? Suchen Sie Begründungen.

In Dürrenmatts Tragikomödie „Der Besuch der alten Dame" lautet das letzte Wort der alten Dame: „Der Scheck". Mit welchem Gefühl, mit welcher Einstellung überreicht sie den Scheck dem Bürgermeister von Güllen (Triumph oder Verachtung)?

Vergleichen Sie das Schlußlied des Chors in Dürrenmatts „Der Besuch der alten Dame" mit dem Chorlied „Vieles Gewaltige lebt, doch nichts ist gewaltiger als der Mensch" in Sophokles' „Antigone". Welche Funktion hat die Parodie des antiken Chors in Dürrenmatts Tragikomödie?

Beziehen Sie die Thematik von Max Frischs Farce „Die chinesische Mauer" auf Situationen unserer Gegenwart. Wo stellen Sie Übereinstimmung fest?

13. Zum Kapitel: Das Theater des Absurden

Wie macht Samuel Beckett in seinem Stück „Warten auf Godot" durch die Sprache und hinter der Sprache die Leere des Daseins sichtbar?

Wie äußert sich der totale Sinnverlust in Becketts Drama „Warten auf Godot" und in andern Stücken des absurden Theaters?

Verdeutlichen Sie die Tendenz des absurden Theaters zur Farce, Groteske, Burleske, Karikatur, Clownerie. Geben Sie Beispiele aus Stücken des absurden Theaters und Becketts „Warten auf Godot" an.

Vergleichen Sie Becketts Auffassung von der Welt und dem Menschen mit Albert Camus' Essay „Der Mythos von Sisyphos".

Widerlegt der „Durst des Menschen nach dem Absoluten" (Jonesco) nicht sein Bekenntnis zum Nihilismus? Zeigen Sie an Becketts „Warten auf Godot", wo und wann das Streben nach dem Absoluten sichtbar wird.

14. Zum Kapitel: Das Sprechtheater Peter Handkes

Kennzeichnen Sie die Abhängigkeit des Spracherwerbs von der Funktion der Vorstellung und der Tätigkeit des Denkens. Zeigen Sie, wie Handkes Kaspar zum Sprechen erzogen wird.

Welche Rolle spielen die Einsager bei der „Sprechfolterung" Kaspars? Welche Art der Sprachbewältigung und des Weltverständnisses bringen sie ihm bei, wie wird er von ihnen manipuliert?

Wie versucht Kaspar die Bedeutung der Wörter zu erfassen? Bringen Sie Beispiele.

Was sehen Sie als den Sinngehalt des Stückes „Kaspar" an? Fassen Sie ihn in einigen Sätzen zusammen.

Wie bezieht Peter Handke die „sekundären" Elemente des Theaters (Schauspieler, Publikum, Bühne) in sein Sprechtheater ein?

Inwiefern kann man bei Peter Handke von einer Liquidierung des Theaters sprechen? Glauben Sie an eine Zukunft dieser Form des Theaters, wie sie Peter Handke postuliert?

Geschlossenes oder offenes Drama?

In seinem Buch „Geschlossene und offene Form im Drama" teilt Volker Klotz[25]) die Dramen der Weltliteratur, insbesondere die aus den Epochen zwischen dem 17. und 20. Jahrhundert, in Dramen der geschlossenen und offenen Form ein. Was er unter Dramen der geschlossenen und offenen Form versteht, deutet er zusammenfassend so an:

„Das geschlossene Drama" strebt danach, eine geistige Totalität zu vermitteln. Die Vorstellung einer universalen Harmonie herrscht im geschlossenen Drama, in der der (häufige) Untergang des Helden die gesetzhafte Ordnung des Ganzen als einen an sich positiven Wert bestätigt.

Auch die schlüssig geführte Handlung und der zielstrebige Dialog dienen dem in sich geschlossenen Ganzen. Enge Verfugung des Vorgangs vom Anfang zum Ende rundet und begrenzt von innen das Gebilde, das er beschreibt.

Die dramatische Zeit ist einheitlich, einlinig, die knappe, nahezu ununterbrochene Zeiterstreckung läuft in einem einzigen Gleis.

Die Personen entstammen einem exklusiven Gesellschaftskreis: es sind Fürsten, die repräsentativ für das Ganze des Volkes stehen. Sie sind „ganz", das heißt sie entsprechen einer bestimmten Vorstellung von Mündigkeit und Verantwortlichkeit, die ebenfalls zum Ganzen strebt, indem sie die „niederen" Bedingungen der Physis und des Milieus von dem hohen Standort der Person abschirmt. Helle des Raums und des Bewußtseins vermittelt den Menschen Überblick über Zusammenhänge, ohne daß sie sich an Einzelheiten verlören.

---

[25]) Volker Klotz, Geschlossene und offene Form im Drama, München 1960.

Die Personen gehören einem Stand an, sie sprechen eine einheitliche Sprache. Sie sprechen in Versen die Sprache des hohen Stils. Dieser Stil ist abgehoben von der empirischen Wirklichkeit, die er zu sich emporläutert.

Dem gleichen Finalduktus unterliegt der kämpferische, doch in seinen Partien wohlgefügte und geschlossene Dialog."

Dem geschlossenen Drama stellt Klotz das Drama der offenen Form gegenüber: Vielheit, Dispersion und der Zug zur empirischen Totalität geben dem atektonischen Drama den Charakter des Offenen, Unabgerundeten... Der Einheit von Handlung, Raum und Zeit im geschlossenen Drama steht im offenen eine Vielfalt von Handlung, Raum und Zeit gegenüber ... Die äußere Handlung drängt über die Grenzen, die durch Anfang und Ende des Dramas gegeben sind, hinaus. Das Geschehen setzt unvermittelt ein, und es bricht unvermittelt ab. Innerhalb dieser Scheingrenzen verläuft es nicht kontinuierlich schlüssig, sondern punktuell interruptiv, nicht einer Entwicklung folgend, sondern Gleichwertiges reihend.

Der stabilen Ausgewogenheit von Spiel und Gegenspiel, von gleichgearteten Gegnern im geschlossenen Drama steht im offenen eine labile Unausgewogenheit gegenüber: Gegenspieler des Helden ist keine Person, sondern die Welt in der Fülle ihrer Einzelerscheinungen.

Ist das Personal des geschlossenen Dramas zahlenmäßig und gesellschaftlich begrenzt, so sind im offenen Drama auch den Personen keine Grenzen gezogen. Das Prinzip der Vielheit herrscht in jeder Beziehung. Nicht ein bestimmter Stand, der in sich geschlossen das Ganze repräsentiert, kommt auf die Bühne, sondern viele Stände. Auch hier hat freilich die Tendenz zur empirischen Totalität ein zwangsläufig fragmentarisches Ergebnis. Ebenfalls fragmentarisch ist, vom Bild des „mündigen" Menschen her gesehen, die Struktur der einzelnen Personen: sie gewinnt an Wirklichkeitskontakten und Lebensfülle und verliert dabei an Mündigkeit, an kontrolliertem Selbstbewußtsein, an personaler Geschlossenheit. Plastisch in fast allen Lebensbezügen gezeigt, milieuverhaftet, sensationsbefangen, geht den Personen ab, was für die Personen des geschlossenen Dramas wesentlich ist: Besonnenheit, Abstand zu sich selbst und zu jeglichem Gegenüber, woraus allein ein verantwortungsbewußtes Scheiden und Entscheiden resultiert. Sie sehen nur das Nächste, nicht das Ganze. Doch das Nächste, der im offenen Drama autonom gewordene Teil, involviert das Ganze. Den Personen im geschlossenen Drama ist dagegen das Ganze (ungeteilt) das Nächste.

Das Ganze in Ausschnitten: Der Erlebnisbereich ist weiter, bunter, variabler, doch gerade dadurch ist er nicht als überschaubares Ganzes zu erfassen.

Das geschlossene Drama verlagert die Bewegungen des äußeren Geschehens weitgehend ins Innere, das heißt: in den von der scharf umrissenen Persönlichkeitskontur eingegrenzten seelisch-geistigen Raum. Das offene Drama dagegen entbindet in der Pantomime die inneren Regungen und projiziert sie in den freien Raum der theatralischen Szene.

Im geschlossenen Drama wird die Wirklichkeit emporgeläutert auf die Ebene hoher, wohlgefügter Verssprache, im offenen Drama sucht die Sprache der Wirklichkeit sich auf gleicher Ebene rückhaltlos und unmittelbar Ausdruck zu verschaffen. Die Folge ist ein Gebanntsein des Sprechers durch das Nächste und Einzelne, nicht ein sicherer Überblick über das Ganze.

Eine Frage, die über das Einzelwerk hinausgeht, ist die: Wie verhält sich die Entwicklung eines Dramatikers zu den beiden Grundtendenzen? Denken wir an die Bewegungen in Goethes dramatischem Schaffen: vom offenen Drama des „Urfaust" und des „Götz von Berlichingen" hin zum geschlossenen Drama der „Iphigenie", des „Tasso", der „Natürlichen Tochter", wobei es denn am Ende, im zweiten Teil des „Faust", zu einer sehr eigenwilligen Synthese der beiden Tendenzen kommt.

Ähnlich und anders bei Schiller, der mit den „Räubern", einem dem offenen Drama nahestehenden Stück, beginnt, mit „Maria Stuart" und „Braut von Messina" zum geschlossenen Drama findet (zwischen diesen beiden Dramen steht ein Mischtyp, die „romatische Tragödie" „Die Jungfrau von Orleans"), sich dann aber in „Wilhelm Tell" und mehr noch in „Demetrius" der tektonischen Strenge entzieht . . .

Wenn man feststellt, daß Gerhart Hauptmann mit den „Webern" ein „offenes" Drama gestaltet hat, wird man mehr tun, als dem Werk ein formelhaftes Etikett anzuheften. Man wird vielmehr damit mannigfache Einzelzüge — der Handlung, der Sprache, der Zeitgestaltung usw. — wie auch deren Zusammenspiel in diesem Stück identifizieren. Nicht zuletzt wird man damit auch eine Entscheidung des Autors bezeichnen, die mit einer bestimmten Weltsicht notwendig verbunden ist . . .

Konkret in unserem Fall: „Der Gestaltung des dramatischen Stoffes in geschlossener oder offener Form entspricht eine bestimmte Weltsicht, eine bestimmte Weise der Wirklichkeitsrezeption . . ." Volker Klotz fragt dann:

„Welche Epochen und welche Dramatiker bevorzugen die eine der beiden Grundtendenzen? Was besagt dies für ihr Weltbild?"

Er antwortet: „Es läßt sich zwar sagen, daß bestimmte Epochen einen der beiden Stiltypen bevorzugen – so liegt das hierarchisch und aristokratisch bestimmte und von einer gewissen Sicherheit des Glaubens und der gesellschaftlichen Integrität erfüllte geschlossene Drama einer entsprechend gearteten Zeit nahe –, doch Zeiten, in denen die eine Stiltendenz möglichst rein und ausschließlich realisiert wird, sind selten. Es bedarf offenbar des komplementären und korrigierenden Wechselspiels mit dem Gegentyp."

Hierzu sei bemerkt, daß jede Festlegung auf Gegensatzpaare, jede Schematisierung und Schablonisierung in einer gewissen Hinsicht bedenklich ist. So hat seinerzeit Fritz Strichs aufsehenerregendes Buch „Klassik und Romantik oder Vollendung und Unendlichkeit" die Begriffe Klassik und Romantik auf die Antithese Vollendung und Unendlichkeit festgelegt. So hilfreich eine solche Kontrastierung bei der Erfassung literarischer Phänomene auch ist, so einseitig und eng begrenzt muß sie bleiben. Denn sie etikettiert künstlerische Werke, die doch als einmalige individuelle Erscheinungen, als lebendige Wesen begriffen werden wollen. Dies gilt auch für Volker Klotz' Antithese: Geschlossene und offene Form im Drama. Es gibt keine Regel ohne Ausnahme. Wie es klassische Werke gibt, die dem Unendlichen zustreben, gibt es romantische Werke, die als „vollendet", d. h. in sich geschlossen und abgeschlossen gelten können. Wie es geschlossene Dramen gibt, die Merkmale des offenen Dramas in sich tragen, gibt es offene Dramen, die in gewisser Weise in sich „geschlossen" sind. Immer finden Übergänge statt und mehr als einmal sind in einem Drama Elemente der geschlossenen und der offenen Form zugleich vertreten. Wir brauchen nur an die Dramen Friedrich Hebbels zu denken, mit – wie Volker Klotz selbst bemerkt – „Diskrepanzen zwischen dem klargegliederten Gestus einer hohen Verssprache und ihren dumpf bohrenden emotionalen Unterspülungen; zwischen dem königlich erhabenen öffentlichen Stand der Personen und ihren privaten psychologischen Konflikten; Diskrepanzen zwischen dem tektonischen strengen Bau des Dramas (in Handlungs-, Raum- und Zeitgestaltung), der dem geschlossenen philosophisch-systematischen Weltbild des Autors entspricht, und der einer Vereinzelung und Auflösung verfallenen Welt im industriellen Zeitalter; zwischen der männlich bestimmten Sphäre der hohen Tragödie und der Emanzipation der Frau (die Heldinnen Mariamne und Rhodope verfechten nicht wie Iphigenie eine über-zeitliche und über-geschlechtliche, gleichsam neutrale Idee, sondern ihr ureigenes, spezifisch weibliches Problem)."

Das Gesagte gilt auch für die Dramen Heinrich von Kleists, so besonders für den ,,Prinz von Homburg", aber auch für die thematisch geschlossene, aber szenisch und sprachlich offene ,,Penthesilea".

Vor allem aber gilt dies für Shakespeare, in dessen Dramen Eigenschaften des geschlossenen und offenen Dramas miteinander verbunden sind: es treten Könige und Fürsten, Feldherren und Personen von hohem Rang auf, die in einer gewählten, sentenzhaften und hohen Verssprache sprechen; aber auch einfache Leute, Bauern und Handwerker, Narren und Vagabunden, die in der Sprache des Volkes reden; es gibt Szenen und Akte, die abgerundet, in sich geschlossen sind und ein universales Ganzes darstellen, und solche die in jeder Hinsicht offen sind, nicht Einheit, sondern Vielheit, Buntheit repräsentieren und über sich selbst hinausweisen. Diese Offenheit in der Geschlossenheit der Shakespeareschen Dramen hat schon Herder erkannt: ,,Lauter einzelne im Sturm der Zeiten wehende Blätter aus dem Buch der Begebenheit, der Vorsehung, der Welt... Wie wälzen sich jedesmal Örter und Zeiten so mit umher... Und doch alles zu einem Ganzen sich fortwickelnd, zu einem Ganzen zusammengeordnet!"

Welchen Weg das Drama in Zukunft gehen wird? Wir wissen es nicht; aber wir hoffen, daß es – sei es in geschlossener oder in offener Form – das uns menschlich Angehende und Berührende herausstellen wird und welthaltig sein möge.

Weiterführende Sekundärliteratur

(nach Erscheinungsjahren geordnet)

Heinrich Bulthaupt, Dramaturgie der Klassiker, Bd. 1-4, Oldenburg/Leipzig 1889-1909

Karl Weitbrecht, Das deutsche Drama, Berlin 1900

Georg Witkowski, Das deutsche Drama des 19. Jahrhunderts in seiner Entwicklung dargestellt, Leipzig 1906

Wilhelm Creizenach, Geschichte des neueren Dramas, Halle 1911

Robert Franz Arnold, das moderne Drama, Straßburg 1912

Bruno Busse, Das Drama, Leipzig/Berlin 1918-1922

Max Freyhan, Das Drama der Gegenwart, Berlin 1922

Robert Petsch, Wesen und Formen des Dramas, Halle 1945

Benno von Wiese, Die deutsche Tragödie von Lessing bis Hebbel, Hamburg 1948

Gerhard Nebel, Weltangst und Götterzorn, Eine Deutung der griechischen Tragödie, Stuttgart 1951

Friedrich Sengle, Das deutsche Geschichtsdrama, Stuttgart 1952

A. Perger, Grundlagen der Dramaturgie, Köln 1952

Paul Fechter, Das europäische Drama, Mannheim 1956

Peter Szondi, Theorie des modernen Dramas, Frankfurt a. M. 1956

Siegfried Melchinger, Drama zwischen Shaw und Brecht, Bremen 1957

Otto Mann, Poetik der Tragödie, Bern 1958

Walter Hinck, Die Dramaturgie des späten Brecht, Göttingen 1959

Marianne Kesting, Das epische Theater, Stuttgart 1959

Otto Mann, Geschichte des deutschen Dramas, Stuttgart 1960

Kurt von Fritz, Antike und moderne Tragödie, Berlin 1962

Käthe Hamburger, Von Sophokles zu Sartre, Stuttgart 1962

Margret Dietrich, Das moderne Drama, Stuttgart 1963

Martin Esslin, Das Theater des Absurden, Frankfurt a. M. 1964

Eckehard Catholy, Das Fastnachtsspiel, Stuttgart 1966

Elise Dosenheimer, Das soziale Drama von Lessing bis Sternheim, Darmstadt 1967

Siegfried Hoefert, Das Drama des Naturalismus, Stuttgart 1968

A. Wierlacher, Das bürgerliche Drama, München 1968

Friedrich Sengle, Das deutsche Geschichtsdrama, Stuttgart 1969

Benno von Wiese, Deutsche Dramaturgie des 19. Jahrhunderts, Tübingen 1969

Wolfgang Friedrich Michael, Das deutsche Drama des Mittelalters, Berlin 1971

Reinhold Grimm, Deutsche Dramentheorien, Frankfurt a. M. 1971

David George, Deutsche Tragödientheorien vom Mittelalter bis zu Gegenwart, München 1972

Karl Siegfried Guthke, Das bürgerliche Trauerspiel, Stuttgart 1972

Reinhold Grimm, Episches Theater, Köln 1972

Manfred Brauneck, Das deutsche Drama vom Expressionismus bis zur Gegenwart, Bamberg 1972

Walter Hinck, Das moderne Drama in Deutschland — Vom expressionistischen zum dokumentarischen Theater, Göttingen 1973

Rolf-Peter Carl, Dokumentarisches Theater, In: Die Deutsche Literatur der Gegenwart. Hrsg. von Manfred Durzak, Stuttgart 1973

Horst Müller, Moderne Dramaturgie, Frankfurt a. M. 1974

Benno von Wiese, Das deutsche Drama, Düsseldorf 1975

Ulrich Staehle, Theorie des Dramas, Stuttgart 1978

Fritz Martini, Geschichte im Drama — Drama in der Geschichte: Spätbarock, Sturm und Drang, Klassik, Frührealismus. Stuttgart 1979

Edgar Neis, Klassiker wieder aktuell?, Freiburg 1979

Verzeichnis preiswerter Textausgaben der Dramen, denen Szenenbeispiele entnommen sind

Sophokles, König Ödipus, Schöninghs Textausgaben 29038

Sophokles, Antigone, Schöninghs Textausgaben 29041

Johann von Saaz/Hermann Claudius, Der Ackermann aus Böhmen, Gütersloh 1948; auch Reclams Universal-Bibliothek 7666

Hugo von Hofmannsthal, Jedermann, Fischer Taschenbuch 7021

Hans Sachs, Fastnachtsspiele, Schwänke, Reclams Universal-Bibliothek (abgekürzt R) 7627

Shakespeare, König Lear R 13

Gotthold Ephraim Lessing, Nathan der Weise R 3

Gotthold Ephraim Lessing, Emilia Galotti, R 45

Jakob Michael Reinhold Lenz, Der Hofmeister R 1376

Friedrich Schiller, Kabale und Liebe R 33

Johann Wolfgang Goethe, Iphigenie auf Tauris R 83

Friedrich Schiller, Don Carlos R 38

Heinrich von Kleist, Prinz Friedrich von Homburg R 178

Heinrich von Kleist, Penthesilea R 1305
Georg Büchner, Woyzeck R 7733
Christian Dietrich Grabbe, Hannibal R 6449
Friedrich Hebbel, Maria Magdalene R 3173
Gerhart Hauptmann, Die Weber DW 3
Georg Kaiser, Von Morgens bis Mitternachts R 8937
Bertolt Brecht, Leben des Galilei, Edition Suhrkamp 1
Heinar Kipphardt, In der Sache J. Robert Oppenheimer, Fischer Taschenbuch 7013
Max Frisch, Die chinesische Mauer, Edition Suhrkamp 65
Samuel Beckett, Warten auf Godot, Suhrkamp Taschenbuch 1
Peter Handke, Kaspar, Suhrkamp Taschenbuch 43/Edition Suhrkamp 322

BANGE LERNHILFEN

Dichtung in Theorie und Praxis

Texte für den Unterricht

Jeder Band zwischen 120 und 196 Seiten, kart. Taschenbuchformat

Mit dieser Serie von Einzelheften legt der BANGE Verlag Längs- und Querschnitte durch Dichtungs-(Literatur-)Gattungen für die Hand des Schülers der Sekundarstufen vor.

Jeder Band ist – wie der Reihentitel bereits aussagt – in die Teile THEORIE und PRAXIS gegliedert; darüber hinaus werden jeweils zahlreiche Texte geboten, die den Gliederungsteilen zugeordnet sind. Ein Teil ARBEITSANWEISUNGEN schließt sich an, der entweder Leitfragen für die einzelnen Abschnitte oder übergeordnete oder beides bringt. Lösungen oder Lösungsmöglichkeiten werden nicht angeboten.

Wir hoffen, bei der Auswahl der Texte eine „ausgewogene Linie" eingehalten und die Bände für die Benutzer wirklich brauchbar gestaltet zu haben.

Es handelt sich um **Arbeits**bücher, die durch**gearbeitet** sein wollen; dem, der die Texte nur flüchtig „überliest", erschließt sich nichts.

Bei der Gestaltung der Reihe wird und wurde darauf geachtet, daß sie breit einsetzbar im Unterricht ist.

450 **Die Lyrik**	457 **Die Fabel**
451 **Die Ballade**	458 **Der Gebrauchstext**
452 **Das Drama**	459 **Das Hörspiel**
453 **Kriminalliteratur**	460 **Trivialliteratur**
454 **Die Novelle**	461 **Die Parabel**
455 **Der Roman**	462 **Die politische Rede**
456 **Kurzprosa**	463 **Deutsche Lustspiele**
(Kurzgeschichte,	**und Komödien**
Kalendergeschichte/	weitere Bände
Skizze/Anekdote)	in Vorbereitung

C. Bange Verlag Tel. 0 92 74/3 72 **8607 Hollfeld**

BANGE LERNHILFEN

Christian Floto

Basisinterpretationen für den Literatur- und Deutschunterricht der Sekundarstufen Band I

Best.-Nr. 0589-4 – Ausgewählte Stücke u. Prosa von Shakespeare bis Ionesco –

Nach einer kurzen Skizzierung der Literaturepochen werden anhand häufig gelesener Stücke Basisinterpretationen gegeben. Sämtliche Beispiele entstanden im Unterricht der Sekundarstufen.

Folgende Stücke werden u. a. behandelt:
Skakespeare, Hamlet – Lessing, Nathan – Schiller, Wallenstein – Goethe, Iphigenie – Kleist, Marquise von O / Die Verlobung ... – Fontane, Effi Briest – Dostojewskij, Der Spieler – Hauptmann, Rose Bernd – Mann, Tonio Kröger – Döblin, Berlin Alexanderplatz – Kafka, Der Prozeß – Brecht, Sezuan – Kipphardt, Oppenheimer – Frisch, Homo Faber – Frisch, Biedermann u. Br. – Ionesco, Die Stühle.

Christian Floto

Basisinterpretationen für den Literatur- und Deutschunterricht der Sekundarstufen Band II

Best.-Nr. 0593-2 – Ausgewählte Stücke und Prosa „moderner" Autoren in der ersten Hälfte des 19. Jahrhunderts –

Literaturgeschichtlicher Abriß, Biographische Stationen, Aufbauprinzipien von Novelle und Drama; Problemorientierte Bezüge zur modernen, sozialpsychologischen Lebenssituation.

Folgende Stücke werden u. a. behandelt:
Büchner, Woyzeck – Grabbe, Scherz, Satire, Ironie ... – Kleist, Der zerbrochene Krug / Prinz von Homburg / Michael Kohlhaas / Erdbeben in Chili.

Bernd Matzkowski

Basisinterpretationen für den Literatur- und Deutschunterricht der Sekundarstufen Band III

Best.-Nr. 0598-3 – Untersuchungen und didaktische Hinweise zum Volksbuch von Till Eulenspiegel. Hinweise auf den Schelmenroman –

Sachanalyse
1. Kurze Darstellung des Gegenstandes
2. Fachwissenschaftliche und interpretatorische Problematik und Aufarbeitung
3. Die Purifizierung des Volksbuches im Verlauf der Rezeption

Ausgewählte Historien – Inhalt und Anmerkungen
1. Historien mit der Betonung auf dem sozialkritischen Charakter
2. Historien mit der Betonung des Derben und Unflätigen

Exkurs: Motivquerverbindungen zu Schelmenromanen des 16. und 17. Jahrhunderts
1. Der frühe spanische Schelmenroman
2. Rabelais, Gargantua et Pantagruel
3. H. J. Ch. von Grimmelshausen, Simplicius Simplicissimus

Vorschläge für die Behandlung des Themas im Unterricht
1. Vorschlag für eine Unterrichtseinheit in der Sekundarstufe I
2. Vorschläge für die Behandlung der Eulenspiegel-Schwänke und der Schelmenromane in der Sekundarstufe II

Bernd Matzkowski/Ernst Sott
Basisinterpretationen für den Literatur- und Deutschunterricht der Sekundarstufen Band IV
Bestell Nr. 0599-1
zu 36 modernen deutschen Kurzgeschichten mit Arbeitsfragen

Inhalt: Interpretationen von Kurzgeschichten, die in den beiden Anthologien: **Arbeitstexte für den Unterricht** (Reclam) Dt. Kurzgeschichten 11. bis 13. Schuljahr und

Pratz/Thiel: **Neue deutsche Kurzgeschichten** (Hirschgraben) enthalten sind.
Anmerkungen zur Geschichte und Theorie der Kurzgeschichte
Arbeitsfragen und Interpretationen zu den folgenden Kurzgeschichten:

Aichinger, Das Fenster-Theater – **Aichinger**, Das Plakat – **Andersch**, Blaue Rosen – **Bender**, Fondue oder der Freitisch – **Bender**, Schafsblut – **Bichsel**, San Salvador – **Böll**, Es wird etwas geschehen – **Böll**, Mein trauriges Gesicht – **Borchert**, Das Brot – **Brambach**, Känsterle – **Brecht**, Die Bestie – **Brecht**, Vier Männer und ein Pokerspiel – **Eisenreich**, Am Ziel – **Grass**, Die Linkshänder – **Hildesheimer**, Der Urlaub – **Horst**, Stummes Glockenspiel – **Hühnerfeld**, Geschlossene Gesellschaft – **Huber**, Die neue Wohnung – **Jens**, Bericht über Hattington – **Kaschnitz**, Eisbären – **Kaschnitz**, Die Reise nach Jerusalem – **Kunert**, Lieferung frei Haus – **Kusenberg**, Herr G. steigt aus – **Lampe**, Die Alexanderschlacht – **Langgässer**, Die getreue Antigone – **Lenz**, Der große Wildenberg – **Meckel**, Die Vampire – **Musil**, Der Riese Agoag – **Reinig**, Skorbion – **Schnabel**, Hundert Stunden vor Bangkok – **Schnurre**, Auf der Flucht – **Seuren**, Das Experiment – **Storz**, Lokaltermin – **Walser**, Die Klagen über meine Methoden häufen sich – **Walser**, Die Rückkehr eines Sammlers – **Weyrauch**, Das Ende von Frankfurt am Main – **Kleines Glossar literarischer Begriffe – Literaturhinweise**

Karin Cohrs/Martin H. Ludwig
Basisinterpretationen für den Literatur- und Deutschunterricht der Sekundarstufen Band V
Romane und Novellen des 19. Jahrhunderts
Bestell-Nr. 0631-9

Aus dem Inhalt:

Einleitung, Politik und Kultur des 19. Jahrhunderts – Interpretationen ausgewählter Romane und Novellen.

Kurzbiographie des Dichters – Entstehung des Werkes – Inhalt – Charaktere – Situationen – Erschließung des Textes (stilistische Besonderheiten, literaturhistorischer Rahmen, gesellschaftliche und politische Bezüge usw.) – Arbeitsfragen.

Hoffmann, Das Fräulein von Scuderi – **Kleist**, Das Erdbeben in Chili – **Mörike**, Maler Nolten – **Gotthelf**, Wie Uli der Knecht glücklich wird – **Storm**, Immensee – **Droste-Hülshoff**, Die Judenbuche – **Raabe**, Die Akten des Vogelsangs – **Fontane**, Der Stechlin – **Eichendorff**, Aus dem Leben eines Taugenichts – **Keller**, Die drei gerechten Kammacher – **Storm**, Hans und Heinz Kirch – **Raabe**, Die schwarze Galeere – **Fontane**, Schach von Wuthenow – **Hauptmann**, Bahnwärter Thiel.

BANGE LERNHILFEN
Interpretationsanleitungen – Methoden und Beispiele

Dr. Egon Ecker
Wie interpretiere ich Novellen und Romane?
Best.-Nr.: 0632-7

Aus dem Inhalt:

Notizen zur Betrachtung eines dichterischen Textes
Zur Technik der Interpretation

Beispiele:

Novellen:	G. Keller, Die drei gerechten Kammacher
	Gg. Büchner, Lenz
	Th. Storm, Der Schimmelreiter
	St. Andres, Die Vermummten
Romane:	Th. Mann, Königliche Hoheit
	M. Frisch, Homo Faber
	St. Andres, Der Knabe im Brunnen
	A. Andersch, Sansibar oder der letzte Grund

Zur Theorie der Novelle – Zur Theorie des Romans – Gliederungsvorschläge – Themenvorschläge u. a.

Dr. Edgar Neis
Wie interpretiere ich ein Drama?
Best.-Nr.: 0633-8

Aus dem Inhalt:

Erstbegegnungen mit dramatischen Formen – Methode des Interpretierens
Wege zur Erschließung und Analyse eines Dramas

Das analytische Drama:	Kleist, Der zerbrochene Krug
	Sophokles, König Oedipus
Das klassische Drama:	Goethe, Egmont
	Schiller, Maria Stuart
	Goethe, Iphigenie auf Tauris
Das bürgerliche Drama:	Lessing: Emilia Galotti
	Hebbel, Maria Magdalena
	L. Thoma, Moral

Das symbolische Märchenspiel: Hauptmann, Und Pippa tanzt

Vom klassischen Regeldrama zum neuzeitlichen Stationendrama

Geschlossenes Drama: Hebbel, Gyges und sein Ring
Offenes Drama: Büchner, Woyzeck
Drama des Expressionismus: Kaiser, Von morgens bis mitternachts
Episches Drama: Brecht, Leben des Galilei
Moderne Tragikomödie: Dürrenmatt, Der Besuch der alten Dame

Was ist bei einer Interpretation eines Dramas zu beachten?
Dramensprache und Figurenrede – Dramenübersicht – Arbeitsfragen usw.

BANGE LERNHILFEN

Methoden und Beispiele der Kurzgeschichteninterpretation

Herausgegeben von einem Arbeitskreis der Päd. Akad. Zams
Best.-Nr.: 0585-1

Methoden: Werkimmanente, existentielle, grammatikalische, stilistische, strukturelle, kommunikative, soziologische, geistesgeschichtliche, historisch/biographische/symbolische Methode.

Beispiele: Eisenreich – Cortázar – Dürrenmatt – Brecht – Horvath – Bichsel – Kaschnitz – Lenz – Weißenborn – Rinser – Borchert – Nöstlinger – Wölfel – Langgässer.

An Beispielen ausgewählter Kurzgeschichten werden die einzelnen Methoden der Interpretation demonstriert und erläutert.

Dr. Robert Hippe

Deutsch auf der Neugestalteten Gymnasialen Oberstufe – Reifeprüfungsvorbereitungen

Best.-Nr.: 0563-0 **Mündliche und schriftliche Kommunikation**
Inhalt: Sprache und Verständigung – Diskussion – Protokoll – Inhaltsangabe – Erörterung – Referat- und Redegestaltung u. v. a.

Best.-Nr.: 0564-9 **Umgang mit Literatur**
Inhalt: Definition von Literatur – Merkmale der Lyrik, Epik und Dramatik, Arten der Interpretation – Was ist Interpretation – Warum Interpretation u. v. a.

Best.-Nr.: 0569-x **Sprach- und Textbetrachtung**
Definition von Texten – Textsorten – historischer Aspekt / systematischer Aspekt der Textbetrachtung – Textanalysen – Sprachanalysen und -variationen u. v. a.

Best.-Nr.: 0586-x **Textanalyse**
Fiktionale Texte: Lyrik-Epik-Dramatik-Unterhaltungs- und Trivialliteratur
Nicht-fiktionale Texte: Werbetext-Gesetzestext-Kochrezept-Redetext (rhetorischer Text)

Unentbehrlicher Ratgeber und Nachschlagewerke für den Deutschunterricht der Oberstufe. Für Lehrer und Schüler gleichermaßen geeignet. Hilfen für Grund- und Leistungskurse Literatur (Sekundarstufe II) und Deutsch.

C. Bange Verlag Tel. 09274/372 8607 Hollfeld

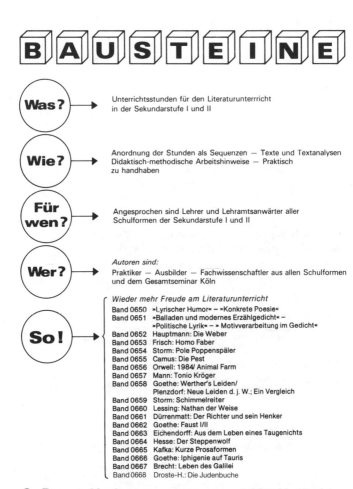